L'ABBÉ ***

—

NÉGATIONS

POLITIQUES

SOCIALES ET RELIGIEUSES

LETTRES

A la Nièce d'un Cardinal, secrétaire d'Etat.

1re PARTIE
Papes, Peuples, Bourgeois et Prêtres.
2e PARTIE
Le Fantôme divin.

PARIS
L. BAILLIÈRE ET H. MESSAGER
ÉDITEURS
12, RUE DE L'ANCIENNE-COMÉDIE, 12

—

1884

Librairie L. BAILLIÈRE et H. MESSAGER

NOUVELLES PUBLICATIONS

TEALDO

JOURNAL ET HISTOIRE D'UN PRÊTRE DE CAMPAGNE

Par J. PRAT

Deuxième Édition

Un volume in-18 de 320 pages. Prix.......... 3 fr.

LA RUSSIE DÉVOILÉE

AU MOYEN DE SA LITTÉRATURE

Par HINS

Professeur à l'Athénée royal de Charleroi.

Un volume in-18.............................. 2 fr. 50

VÉNUS PHRÉNYOGÉNIQUE

MÈRE DARWINIENNE

DES GÉNIES ET GRANDS HOMMES, DÉVOILÉE HISTORIQUEMENT

Par B. MOULIN

Un volume in-18.............................. 3 fr.

L'ORGANISATION DU TRAVAIL

NOUVELLE ARCHITECTURE SOCIALE

Par H. CHABANNE

Un volume in-18.............................. 3 fr.

MAISON COCHERY ET Cie

POSTES ET TÉLÉGRAPHES

Par E. VAUGHAN

Un volume in-18.............................. 2 fr.

Sous Presse :

DOCUMENTS HUMAINS

Par DE GRAMONT

Un volume in-18.

Saint-Denis. — Imprimerie Ch. Lambert, 17, rue de Paris.

NÉGATIONS POLITIQUES
SOCIALES ET RELIGIEUSES

8°R
5572

SAINT-DENIS. — IMPRIMERIE CH. LAMBERT, 17, RUE DE PARIS.

L'ABBÉ ***

NÉGATIONS

POLITIQUES

SOCIALES ET RELIGIEUSES

R.F.

LETTRES

A la Nièce d'un Cardinal, secrétaire d'Etat

1re PARTIE
Papes, Peuples, Bourgeois et Prêtres.

2e PARTIE
Le Fantôme divin.

760

PARIS
L. BAILLIÈRE ET H. MESSAGER
ÉDITEURS
12, RUE DE L'ANCIENNE-COMÉDIE, 12

1884

PRÉFACE

Je connais trop les conséquences de l'acte que j'accomplis aujourd'hui en publiant cet ouvrage, pour n'avoir pas longtemps et mûrement réfléchi avant d'agir.

Il a fallu que les pages qui suivent fussent bien vraies et bien sincères pour que je me décidasse à les offrir au public.

Ce n'est point à la légère que j'ai écrit; ce n'est point à la légère que j'ai livré mon travail à l'impression et que je fais appel aux lecteurs.

Frappé du mouvement mystérieux qui imprime à la société une direction nouvelle et l'oblige à abandonner ses vieilles idées et ses antiques préjugés, je me suis demandé pourquoi Rome et le clergé étaient obstinément rebelles à toute loi de progrès... Et, je me suis répondu que la possession trop prolongée et trop paisible d'un bien-être excessif, inexplicable et anormal, avait enfanté, pour eux comme pour la bourgeoisie, la caducité, l'énervement et la sénilité...

Les peuples montent et le scepticisme pénètre partout; les vieilles idées théologiques s'effacent devant les données logiques d'une philosophie nouvelle; l'antique croyance en un Dieu impassible ou sanguinaire tend à disparaître elle-même devant la foi en une puissance active, mais qui n'a rien de personnel et de défini encore...

Ce que je dis ici publiquement, bien d'autres le pensent comme moi, mais ils se taisent par peur...

Si je n'avais point perdu tous ceux que j'aimais, peut-être eussé-je, comme beaucoup, gardé le silence pour ne point attrister ceux à qui je devais la vie... mais je suis seul au monde et je profite, pour parler, de la douloureuse liberté que m'a donnée la mort des miens...

J'écris sans haine comme sans pitié pour les hommes et pour les traditions. Et je n'ai point d'autre but que dire sans défaillance, — la vérité.

Les calomnies et les insinuations ignobles dont le clergé et la gent béate ont le monopole, ne me feront pas plus taire que leurs arguments philosophiques ne m'ont jadis convaincu...

Ce livre, au reste, n'est qu'une préface.

Paris, Septembre 1883.

PREMIÈRE PARTIE

PAPES, PEUPLES, BOURGEOIS ET PRÊTRES

NÉGATIONS POLITIQUES
SOCIALES ET RELIGIEUSES

A Madame la comtesse Gaëtana-Mary-Annah de P..... d'A...y...

Comtesse,

Un soir, le hasard — et je le bénis tous les jours, — nous plaçait l'un près de l'autre à table, dans la grande salle de l'hôtel Bazzi, à Domo d'Ossala, où nous venions d'arriver; vous en souvenez-vous?

Je vous revois encore avec votre petit chapeau de voyage en paille noire et vos longues tresses blondes...

Nous ne nous étions jamais vus; nous ignorions si nous nous reverrions jamais, et voilà qu'une irrésistible sympathie nous fit bientôt nous confier nos douleurs et les tristesses dont nos âmes débordaient alors.

Accompagnée de votre parent, l'homme illustre qui, à cette heure dirige en partie l'opinion publique en Angleterre, vous cherchiez dans les distractions forcées de lointains voyages, un adoucissement à vos chagrins et l'oubli de la mystérieuse aventure qui semblait vous avoir brisée à jamais! Mais ni l'Inde, ni Rome, ni votre oncle, l'éminent cardinal, n'avaient pu fermer la blessure que vous portiez au cœur... et vous repartiez avec sir D.... en Angleterre...

Vos douleurs éveillant le souvenir de mes douleurs, je pleurais en me rappelant la double catastrophe qui, en m'anéantissant, avait à peu près anéanti ma foi...

Quelques jours après, nous nous quittâmes, mais j'emportais votre image au fond de mon cœur et la douce espérance de vous retrouver sur les bords enchantés du Laghetto...

Et, je ne tardai pas à vous y retrouver...

. . . .

Vous souvenez-vous de cette soirée merveilleuse, où, vous récitiez en les rythmant et en les cadençant les poésies de Thompson?... Jamais mélodie semblable n'avait jusque-là murmuré à mon oreille des strophes plus harmonieuses :

Or if you rather chuse the rural shode,
And iund a fasse in every sacred grave;

Anglaise par votre père, italienne par votre mère, vous résumiez en vous tout ce que la poésie de deux langues, peut enfanter de plus pur et de plus enivrant... Votre voix était douce comme la marche des étoiles glissant dans les cieux, comme la lyre divine des anges :

> Ye that keep watch in herven, ac sarth asleep
> Uncouscions lies, effuse your mildest beams,
> Ye constellations, while your angels strike,
> Amid the spangled sky, the silver lyre...

C'était l'heure des grandes mélancolies du soir; le soleil avait disparu dans des nuages d'or, qui semblaient s'élever du sommet des montagnes pour mirer leur pourpre et leurs feux dans les eaux silencieuses du lac; le souffle du Tivano soulevait doucement de petites vagues écumantes et les poussait toutes blanches jusqu'aux dernières marches du grand escalier, où elles mouraient en frémissant, — poussière argentée... Et les clartés décroissantes du jour baignaient l'herbe embaumée que foulaient vos pas... Vous étiez sur la terre comme ces êtres aériens dont la demeure est aux cieux et qui toujours s'apprêtent à prendre leur vol pour nous échapper... On eût dit que votre regard limpide et inspiré suivait distinctement là-haut l'invisible archet qui mesurait le mètre mystérieux que chantaient vos lèvres...

. . . .

Puis, vous redescendites jusqu'à nous, ici-bas; un long soupir me le fit comprendre... Votre regard se porta sur moi, il était attristé; n'avait-il pas retrouvé la terre et la Créature?...

Etrange regard que le vôtre, comtesse, étrange regard, qui me rappela tout un passé de douleurs et toute une vie d'amertumes, et qui fit monter de mon cœur à mes yeux de grosses, de bien grosses larmes...

— Courage, me dites-vous, courage... Et, de cette voix, qui, quelques instants auparavant, chantait les révoluions des astres et les mystérieuses majestés de la nature, vous récitâtes les poétiques et magnifiques espérances qu'Héloïse s'efforçait de faire briller à l'âme découragée d'Abeilard vaincu...

Et je me pris à répéter avec vous, ces pages pleines d'enthousiasme, de courage et d'amour que nous avions traduites ensemble, aux longues veillées de l'hiver précédent...

Mais quand seul, je voulus redire dans le silence de la nuit, les imprécations et les désespoirs du philosope trahi par la fortune, votre main me ferma doucement la bouche, tandis que vos lèvres me disaient tout bas : Révolté... révolté...

Votre regard cependant absolvait ma révolte; les autres la comprendront-t-ils?

Appuyant votre bras sur mon bras, vous me fîtes gravir les marches de l'escalier de marbre... Et, quand une dernière fois, nous nous retournâmes vers le lac, la lune inondait de ses clartés les montagnes, les flots et les villas;... aux feuilles et aux herbes, tremblaient de mélancoliques rubis tout irisés, comme les larmes que je vis un soir briller dans vos yeux... De Vigoni, de Belvedere, de Blevio, nous arrivaient des parfums et des mélodies, qui bientôt, s'évanouirent dans les airs, comme se sont évanouis, sur les bords de ce lac, où, on les admira et où l'on aima si longtemps, — comme se sont évanouis, dis-je, — le souvenir enchanteur des Taglioni et des Pasta, et même le doux murmure de vos paroles toutes embaumées...

. . . . . Comtesse, ...

On dit que les anciens peintres avaient l'habitude de mettre en leurs tableaux le portrait de celle qu'ils aimaient ou de celle qui les avait inspirés, permettez-moi de mettre votre nom aux premières pages de cet ouvrage, bien que votre souvenir soit sans cesse dans le cours de ce travail, dans le travail du révolté...

A Marguerite B....

Petite cousine,

Ta fenêtre est aujourd'hui fermée... et les petites fleurs qui l'ornaient jadis, sont mortes ou elles ont disparu; le son des cloches matinales du dimanche heurte en vain à tes carreaux... tu ne parais plus... Ta chambre est silencieuse pour toujours peut-être...

Dans un songe, je revoyais les petits colliers que je t'apportais un jour, et je te revoyais les suspendant à ton cou si pur et si blanc...

. . . .

Pauvre petite statue, devant laquelle elle faisait sa prière, tu ne la reverras plus agenouillée devant toi et te faisant le virginal aveu de ses péchés d'enfant, son joli visage tout grave, les yeux baissés et sa paupière à moitié close...

Je la vis un jour ainsi et je l'entendis te parler à voix basse : quelle pardon te demandait-elle, dis?... Le soleil levant dorait sur ses épaules ses cheveux blonds... dénoués..., c'était un matin, sa couchette était tiède encore...

. . . .

Tes rondes et tes chants, petite cousine, je me souviens de tout cela comme d'une mélodie lointaine que murmurent à mon âme désolée les brises de la mort.

Et la vieille roche grise au pied de laquelle nous nous asseyions jadis et où nous nous contions nos rêves, nos espérances et nos projets... je la revois encore, mais à travers des larmes...

Et nous croyions que l'avenir était à nous!...

Dis?... nos lundis, t'en souviens-tu, ô toi?...

Pour moi, c'était alors l'âge mythologique, et cet âge a fui avec les rayons évanouis des soleils disparus...

Es-tu morte, dis?...

Et pourquoi serais-tu morte?...

Au reste, si tu étais morte, tu m'aurais — toi qui croyais aux fées et qui en étais une, — tu m'aurais répondu du fond du calice des fleurs, où dorment les fées... J'ai parcouru tant de fois les coteaux et les prairies en t'appelant... tant de fois j'ai pleuré en redisant ton nom, sur les bords solitaires des torrents écumeux... Les petites fleurs me regardaient bien avec leurs petites figures roses ou bleues, mais aucune, — bien que toutes te connussent, — ne m'a dit où tu étais...

Tu n'es pas morte, n'est-ce pas?

Et pourquoi serais-tu morte?...

. . . .

Tu étais grande comme un sylphe, — tu sais, ces petits êtres faits d'un rayon de lune et d'un parfum, et qui, au front, portent une étoile, — tu étais grande comme un sylphe, quand un soir tu me dis de ne pas pleurer... Et tu te pris à vouloir que je te contasse et mes joies et mes douleurs, et je te contai tout et depuis toujours, je te contais tout...

Puis vint un jour où tu disparus...

Les uns m'ont dit que tu étais morte, et moi, je ne le crois point, bien qu'une nuit j'aie entendu les cloches sonner bien longuement... Mais les cloches sonnent-elles toujours pour les morts et ne sonnent-elles que pour les morts?...

Que leurs sons étaient lugubres ce soir-là et le lendemain au matin, surtout... Leurs carillons me faisaient mourir... Elles ont ce jour étendu sur mon âme un voile noir, — un crêpe — que rien depuis lors n'a pu déchirer, ni même écarter...

Oh! ces cloches! pourquoi ne sonnent-elles pas seulement pour les morts?...

Tu n'es point morte, je le sais...

. . . .

Bien des fois, la neige est tombée sur nos vieux toits, le soleil les a roussis; rien n'a pu me ramener au pays... Je cours le monde. Et, pourtant, tu vis...

I

Le Bourget, le ..... août 1883.

A plusieurs reprises déjà, vous m'avez demandé ce que je puis bien faire sur les bords du Bourget...

Je vais vous répondre aujourd'hui.

Je sais tout le bruit que feront ces pages, et toutes les clameurs qu'elles soulèveront. Votre nom, vos relations d'affection et vos liaisons de parenté avec le prélat le plus influent du sacré Collège, le caractère dont je suis revêtu, les questions que je traite ici, tout cela ne contribuera pas sans doute à laisser cette lettre passer inaperçue.

Mais puisque vous avez voulu que je parle, je parlerai; aussi bien, éprouvais-je au reste le désir et le besoin de le faire depuis longtemps: c'était pour moi comme un devoir que m'imposaient les circonstances actuelles, ainsi que les événements auxquels nous pourrons assister bientôt.

Ce que je fais sur les bords du lac du Bourget !... Eh ! bien, je médite, je me recueille, et je repasse en ma mémoire les grandes et solennelles leçons de l'histoire écoulée...

Je me rappelle aussi de lointains souvenirs et nos rêves et vos espérances de jadis...

. . . .

Souvent vous avez souri de ce que vous appeliez mes airs prophétiques, et voilà que malheureusement tout m'a successivement donné raison.

C'est que voyez-vous, l'histoire et le cœur humain constituent un livre vrai, étrange et mystérieux, toujours ouvert pour qui veut y lire le passé et qui renferme en outre, comme le récit anticipé des drames et des tragédies de demain.

L'humanité, en effet, ne tourne-t-elle pas éternellement dans le même cercle? Voyons ! quelle différence existe-t-il entre l'homme d'hier et l'homme d'aujourd'hui? Ses passions, ses appétits et ses désirs ont-ils varié jamais?... Donc, étant donnée la marche d'une société, est-il bien difficile, dites-moi, pour celui qui pense et qui a lu, de tirer les conclusions fatales ou providentielles, je vous laisse le choix de l'épithète, des prémisses posées?... En d'autres termes, n'est-il pas facile de prévoir ce qu'il adviendra d'une société ou d'une institution qui suit une route connue? Et lorsqu'une institution s'obstine malgré les sanglantes leçons du passé, à reprendre une voie qui déjà l'avait conduite à la ruine et à un recul de plusieurs générations, est-il bien difficile de deviner où elle échouera?

Pour découvrir ces faits généraux et logiques, il n'est pas besoin, croyez-moi, d'avoir l'œil profond des vieux prophètes bibliques. La réflexion, la connaissance de l'histoire écoulée et des événements actuels, et l'estime de l'homme à sa juste valeur, suffisent pour cela, si l'on a soin, bien entendu, de ne se laisser aller ni à un optimisme, ni à un pessimisme exagérés, ce qui malheureusement est assez dans notre nature...

Avant tout, je hais le lieu commun et j'abhorre, vous le savez, les systèmes et les hommes à systèmes. Si la manie du système n'arrête point court l'essor de l'esprit humain et son progrès dans sa marche ascensionnelle, elle l'entrave sans cesse et le paralyse; et souvent elle empêche l'homme de juger sainement les choses les plus nettes et les plus évidentes; le système est une variété du lieu commun et de la banalité. Sans m'occuper de savoir si elles m'appartiennent en propre ou si elles sont à d'autres, je vous donnerai donc franchement les idées que les événements font naître en moi, et j'accepterai toute la responsabilité de cette publication, — responsabilité que vous assumez aussi dans une certaine mesure... N'avez-vous trouvé ces pages éminemment opportunes, autant à cause de l'état général des esprits, qu'à cause de ce qui, d'après vous, se dit et se pense au Vatican et dans le Clergé.

Qui plus que vous, au reste, peut être renseigné mieux à ce sujet?...

. . . .

Pour satisfaire complètement votre curiosité et répondre à toutes vos questions par ordre, je vais d'abord vous dire rapidement à quoi ressemble le lieu où je me suis momentanément installé. Il vous sera facile de me voir de là-bas, — de chez vous, — écrire, travailler et penser... Un mot sur mon hôtesse...

Mon hôtesse est petite; elle a la peau blanche, les cheveux et les yeux noirs; ses dents éclatantes sont merveilleusement alignées, et de ses lèvres pourpres tombent des rires tout drôles et pleins d'ingénuité; elle a des joyeusetés et des distractions d'enfant; mais entre nous, comtesse, l'ingénuité de la jeune femme a trop de coquetteries, mais pour n'être pas un peu et surtout, — à la surface...

Quant à la maison que j'occupe, c'est une véritable auberge dont la façade plâtrée est sillonnée par les filtrations verdâtres des pluies. Elle se dresse sur la route comme un souvenir du temps déjà loin, des rouliers. Auprès de la porte d'entrée, — une porte lourde, massive et toute ferrée, — s'élèvent des saules aux troncs énormes; leur feuillage frémissant flotte sur la toiture moussue de la maison et mêle son murmure métallique à la voix monotone d'une antique fontaine qui sert aux hommes et aux bêtes... La salle à manger est un peu sombre; aux angles, elle est ornée de buffets en noyer verni, qui semblent le soir, dorer au soleil couchant leurs portes sculptées... Derrière l'auberge, des prés montent, par une pente rapide, jusqu'aux pieds grisâtres des rochers nus de la Chautagne... Et, sous les fenêtres de ma chambre, — une chambre basse mais grande, — passe la route d'Aix-les-Bains...

Adossée à un mur, une petite charmille en hêtre, nous sert de salle d'ombrage aux heures les plus chaudes de la journée, et Dieu sait s'il fait chaud ici, en été...

Au loin, s'étend le lac,... ses eaux dormantes, mélancoliques et vertes reflètent les montagnes, l'abbaye de Haute-Combe et les nuages qui glissent au ciel... La route qui conduit au monastère est au niveau des marais et les traverse... Vous voilà donc renseignée, n'est-ce pas?...

. . . .

Je revenais un soir de l'abbaye, l'esprit tout rempli des souvenirs d'un passé qu'évoquait naturellement le milieu que je quittais, et, je songeais à bien des choses que vous m'aviez dites et que vous m'écriviez naguère encore...

Les côtes, au pied desquelles se déroule le lac, commençaient à s'effacer dans l'ombre silencieuse... Et, devant moi se dressait, blanchi à ses sommets, par un rayon de la lune, le vieux château de Châtillon, où naquit Célestin IV, ce pape de dix-huit jours. Et, je songeais;... puis, la figure de Gaëtan des Ursins, de Nicolas III, moine d'Hautecombe se présenta à mon esprit, imposante, froide avec ses grandes lignes austères et majestueuses.

Je le voyais ce vieux guelfe de la famille des Orsini, dominant Rodolphe de Hapsbourg et Charles d'Anjou et comme tous ses prédécesseurs et quelques-uns de ses successeurs, sortir vainqueur de ces luttes gigantesques, où la Papauté armée seulement de sa puissance morale écrasa sans cesse la force brutale et désorganisatrice des Empereurs et réduisit aux abois les Frédéric Barberousse et les Henri d'Allemagne...

Étaient-ils patriotes, ces papes de jadis!... Étaient-ils grands!...

. . . .

Pour que vous saisissiez bien l'enchaînement logique de ces lettres, permettez-moi de vous rappeler rapidement ce que vous me disiez au sujet de la Papauté et du Clergé!...

Vous verrez que je vous suis pas à pas dans

chacune de vos affirmations et que mes négations successives ne sont que des réponses à vos assertions si romaines et si conservatrices...

Vous appeliez la Papauté et le Clergé, les deux bases de toute société; et sans songer que notre monde actuel est à la veille d'une dissolution imminente à la suite des fautes de cette double institution, vous affirmiez que la Papauté et le Clergé, même constitués comme ils le sont, avec leurs tendances, avec le but qu'ils poursuivent, devaient, dès que le moment serait venu, absorber ou arrêter la Révolution elle-même...

Et moi, je niais tout cela, tout en admirant la poétique illusion de vos rêves généreux... Or, plus qu'autrefois encore, comtesse, je nie aujourd'hui la force et la grandeur de la Papauté moderne, je nie l'influence du clergé et le rôle si noble et si intelligent qu'on s'efforce de lui supposer : je vois la Papauté et le Clergé absolument dépouillés de tous ces attributs qui leur appartinrent pendant des siècles et que pendant des siècles nul ne songea à leur disputer : je vois ces deux forces du passé à moitié évanouies, étendues à terre et gisant pour ne plus se relever; car ce sont les tendances et le but qu'ils s'obstinent à poursuivre avec un aveugle entêtement malgré de terribles leçons, qui ont à jamais, je le crains, éloigné l'homme du Clergé et de la Papauté...

Vous verrez aussi ce que je dis du parti conservateur...

Puis, abandonnant le terrain de la discussion et le terre à terre des questions humaines, vous vous élanciez, vous en souvenez-vous?... d'un bond, ou plutôt d'un vol puissant et inspiré jusqu'au milieu de ces sphères merveilleuses, où votre imagination voit régner un Dieu et planer son esprit dans le silence et l'harmonie d'une gloire éternelle...

Là encore, je niais, mais avec un sentiment de tristesse profonde, l'existence de cet être que vous faisiez si pur, si éclatant, vous, et que l'histoire de l'homme me fait à moi, si sombre, si implacable, et qu'elle me représente souillé du sang et des larmes de tant de millions de générations... Et je niais l'existence de cet être, équivoque sanguinaire, qui ne crée que pour détruire et immoler...

La lettre que j'ai l'honneur de vous adresser comprendra donc deux parties principales consacrées, la première à la Papauté, au Clergé et à la bourgeoisie, et la seconde!... ah! pardonnez-moi... la seconde... à votre Dieu...

. . . .

II

Voilà S. E. Mgr di Rende installé en son hôtel de la nonciature à Paris.

De nouveau je me pose à ce sujet une question que bien des fois je me suis posée déjà : pourquoi Rome entretient-elle des ambassadeurs ? Rome a-t-elle besoin d'ambassadeurs? quelle demande d'une cour quelconque lui a jamais pu faire supposer qu'il était nécessaire ou même utile qu'elle envoyât un nonce quelque part ?

Rome sait si bien qu'aucun gouvernement ne lui demande de représentant, qu'elle chante victoire à huis-clos et dans toutes ses petites feuilles pieuses, toutes les fois qu'elle réussit à faire accepter soit à Weimar, soit à Porto-Rico un internonce ou un sous-nonce !

Pour elle, cela constitue un succès à ses yeux, un

immense succès... Mais où Rome se pâme d'aise, c'est quand elle parvient à glisser dans les salons de Berlin ou de Saint-James, la pourpre de quelque prélat qui toute chose bien examinée n'a pas d'autre mission plus importante ni plus mystérieuse que de dire à l'Empereur ou à Sa Gracious Majesty, de la part du souverain Pontife : « Bonsoir ! »

Pauvre Rome !

Naguère, l'*Union,* l'*Univers,* le *Monde,* la *Gazette de Cologne,* la *Civilta* racontaient à l'envi, l'accueil qui avait été fait par la cour de Londres au cardinal Manning... Sa gracieuse Majesté avait salué l'Éminence ; le lord-maire lui avait donné une shak-hand tout sympathique ; la princesse Béatrix s'était entretenue avec le prélat ; le duc de Cambridge avait causé longuement avec lui ; le lord-chief-justice lui avait souri du fond de ses favoris rouges...

En somme l'apparition du cardinal, à cette fête, avait produit une sensation profonde dans les cercles officiels...

Les cercles officiels !... les reporters m'ont toujours prodigieusement amusé avec leurs histoires de cercles officiels et leurs renseignements !...

Pauvres figaristes !...

Que le cardinal Manning ait été reçu au palais, rien d'étonnant en cela ; pourtant, j'en doute, mais enfin !... Son prédécesseur, l'illustre Wisemann, également cardinal, rendait fréquemment visite à la reine, dit-on..., il fut reçu deux fois en sa vie à Saint-James et pas une fois de plus... En accueillant les Newman, les Manning, la société anglaise au reste, ne s'incline pas devant la pourpre romaine, elle rend hommage à l'esprit élevé, au noble caractère et à la science d'éminents compatriotes...

Quand M. Grévy recevait Mgr Czacky et hier encore quand il a reçu Mgr di Rende, croyez-vous, comtesse, qu'il se soit agenouillé devant la puissance de Rome! Quand le bataillon d'infanterie et l'escadron de cuirassiers qui rendaient les honneurs militaires au nouveau nonce le saluaient du sabre ou en présentant les armes, drapeau déployé, pensez-vous qu'ils rendaient hommage à la majesté pontificale? Les uns et les autres obéissaient à un usage dont la suppression ne dépend plus de la France : elle l'a prouvé par le peu d'empressement qu'elle met à envoyer un ambassadeur auprès du Saint-Siège, et par le peu d'enthousiasme qu'elle manifeste à l'y maintenir...

S'exagérant, — histoire de rire un peu, — s'exagérant les conséquences, je ne dirai pas d'une rupture, mais d'un manque de rapports, Rome s'obstine quand même à ne jamais laisser vacant le poste de nonce à Paris : elle nous oblige ainsi à répondre à ses avances par l'envoi d'un agent accrédité... On appelle, dans les chancelleries, cet échange bénin de figures de cire... être en bons rapports... Or, je vous le demande, à quoi servent les nonces, les internonces et les diplomates en soutane, que le Saint-Siège envoie auprès de toutes les cours étrangères chaque fois qu'il en trouve l'occasion, — la plus petite occasion?

Ils servent à maintenir les bons rapports... Avec qui?...

Ils servent à écarter les difficultés diplomatiques... Au sujet de quoi?

Un nonce à Pétersbourg?... Empêche-t-il les catholiques d'être pendus ou déportés, les Polonaises violées officiellement?... Arrête-t-il la propagande schismatique dans les provinces qu'un dernier lien unissait hier encore à Rome? Fait-il entendre même l'ombre d'une protestation contre l'immorale et révoltante tyrannie religieuse du czar?... Non.

Un nonce à Berlin?... A-t-il arrêté les incarcérations de prêtres et d'évêques? S'est-il occupé une seule fois des populations rhénanes? A-t-il élevé une seule fois la voix contre les persécutions ou les amendes ruineuses dont le gouvernement allemand frappait les catholiques militants?... Non...

Un nonce à Londres? Quel pas le catholicisme a-t-il fait en Angleterre?... Quelles faveurs, ou plutôt quelles lois odieuses et restrictives ont été abrogées ou adoucies en faveur du libre exercice du culte catholique, grâce au nonce? Les agents diplomatiques de Rome n'ont-ils pas assisté l'œil sec au dernier martyre de cette Irlande pourtant si catholique, si romaine et qui ne demande à son persécuteur que d'être soumise à la loi commune? Rome elle-même, pour plaire au Parlement, n'a-t-elle pas désapprouvé, dernièrement encore, cette sainte révolte du droit enchaîné et baillonné contre la force repue et ignoble de John Bull, comme jadis elle désapprouvait les Polonais réclamant, les armes à la main, leur indépendance nationale et leurs droits religieux?...

Des nonces dans l'Amérique du Sud?... Ont-ils élevé jamais la voix contre l'ignorance et la dépravation du clergé?... Ont-ils essayé de lutter contre les superstitions qui voilent là-bas ce que le catholicisme peut avoir de plus austère, de plus grand et de plus délicat?...

Un nonce à Bruxelles, à Paris?... L'indifférence, la raillerie irréligieuse, le scepticisme, l'insulte au dogme et à la morale naturelle, le mensonge débité sous toutes les formes et contre tout ce qu'il y a de grave, de noble et de respectable, les violations de demeures, les crucifix brisés dans les cimetières et dans les écoles, ont-ils arraché jamais à un nonce je ne dirai pas un cri d'indignation, mais même une protestation?... Le crime commis sous ses yeux a-t-il jamais empêché son Excellence monseigneur le Nonce de manger, de boire, de dormir et de parader?...

Il y a loin, comtesse, des nonces romains des temps modernes aux vieux légats fougueux, saints, savants et disposés au martyre, des siècles écoulés! ... Ceux-ci étaient moins jeunes, moins beaux et moins nobles de race, mais comme ces moines en sandales, en robe de bure effrangée par les routes, comme ces fils du peuple savaient faire trembler sous leurs anathèmes les voluptueux Carlovingiens et les orgueilleux Hohenstauffen!...

Le secret de leur force!... c'est qu'ils croyaient en leur mission et le secret de leurs triomphes était dans leur foi, comme le secret de leur éloquence était dans la haine brutale qu'ils portaient au vice et au mensonge!

. . . .

Rome envoie aujourd'hui un nonce auprès d'une cour; elle accrédite un agent diplomatique auprès d'un gouvernement, non pour que ce nonce défende les intérêts catholiques menacés ou compromis, mais pour que, par ses relations mondaines, il crée au Saint-Siège des amitiés personnelles...

Et voilà pourquoi les nonces toujours sont choisis parmi les hommes les plus aimables, les moins sacerdotaux, — les moins sacerdotaux, — et les mieux apparentés de la cour romaine. Que vous dis-je là, comtesse? Ces choses ne les savez-vous pas mieux que moi et ne pourriez-vous pas mieux que moi ajouter à ce que j'avance, comme preuve à l'appui, plus d'une biographie détaillée de diplomate romain!...

Interrogez un nonce sur la situation actuelle ou passée des affaires religieuses du pays près le gouvernement duquel le Saint-Siège l'a envoyé... Toutes ses réponses seront absolument vagues, non pas parce qu'il fera le diplomate, mais bien parce que ne connaissant rien de ce que vous lui demanderez, rien de ce sur quoi vous l'interrogez, — choses qui lui sont au reste parfaitement indifférentes, — il ne pourra vous donner avec un grand flux de paroles que des appréciations générales, insignifiantes ou banales...

Toute réputation diplomatique, au reste, s'affirme soit par une loquacité absurde et un verbiage indécent, soit par un mutisme d'eunuque... Ce dernier reproche ne sera jamais adressé à un nonce...

En revanche, si un nonce est ignorant de ce qui se prépare contre Dieu et de ce qui se dit contre lui dans la presse, dans les livres, à l'Assemblée et dans les clubs, rien ne lui échappe de ce qui se passe dans les boudoirs de l'ambassadrice d'Espagne, dans le petit cabinet rose de la consule d'Isola-Bella ou de telle autre duchesse exotique... Le joli petit monsignor Silvio Julio di Pamela-Oppoponax n'est-il pas à l'affût de toutes les petites nouvelles recueillies dans les lunchs, les thés, les matinées féminines et les *réunions mondaines* qui peuvent intéresser ou piquer l'esprit naturellement curieux de la jeune Excellence monseigneur le Nonce!...

Et c'est pour faire des appointements princiers à ces prélats, à *monsignor Opopponax et à monsignor Ylang-Ylang,* c'est pour leur meubler des appartements royaux et leur payer des valets de pied aussi poudrés qu'insolents que l'ouvrière catholique de nos villes prolonge ses veillées d'hiver, et que la pauvre femme de nos campagnes économise sur sa nourriture déjà si frugale, afin d'envoyer une nouvelle pièce, et encore une nouvelle pièce d'argent, à la cassette pontificale!...

O Christ! que sont devenus l'étable et la croix?

. . . .

L'importance politique d'un nonce, on le voit, est nulle ou à peu près nulle; son importance dans les affaires religieuses du pays et sur le Clergé n'est guère plus grande.

Quel évêque a jamais eu à faire au nonce qui habite Paris? Quel prêtre lui a jamais soumis une difficulté? Rome d'ailleurs est si près! et les évêques tiennent tant à leur influence personnelle qu'ils résolvent par eux-mêmes tant bien que mal les difficultés qui peuvent surgir ou qu'ils peuvent faire surgir de quelque part que ce soit.

Pour beaucoup d'ecclésiastiques, un nonce est

tellement un mythe, tellement un être de raison, qu'ils seraient bien embarrassés de dire de quelles choses un nonce est appelé à connaître : un grand nombre de prêtres même ignore la présence d'un nonce dans la capitale de leur pays.

Désintéressé de la politique par les gouvernements, désintéressé des questions religieuses par les évêques, un nonce alors que peut-il faire à Munich, à Berlin ou à Paris?...

Il y a si peu de misères et d'infortunes à soulager, en vérité, par ces temps florissants de prospérités sociales, que Rome peut-être, est bien aise d'avoir trouvé l'occasion d'entretenir une chancellerie dans chaque capitale, afin d'employer au moins les sommes que la foi des fidèles jette à pleines mains et sans compter aux pieds du Souverain Pontife...

III

Je traversais un soir les montagnes escarpées qui dominent la route de Crevola; le vent courbait sur les flots impétueux de la Doveria, les herbes des rives solitaires; un dernier rayon du soleil couchant éclairait de sa lueur rouge et décroissante les sommets nus et grisâtres des gorges du Ponte-Alto... Sur la route sinueuse et mal entretenue qui serpentait du fond de la vallée au plateau, des hommes, des femmes et de petits enfants s'avançaient silencieux, d'un pas lourd et pénible, sous des charges de bois mort...

On était en automne et déjà le froid et les vents glacés commençaient à se faire sentir et à souffler dans cette partie montagneuse et peu favorisée du Haut-Milanais.

Les pauvres gens faisaient leurs provisions pour l'hiver; ils rentraient au village à la fin d'une journée laborieuse...

Vous souvenez-vous de la pauvreté de ce pays, comtesse, et vous rappelez-vous les maisons grises, noires, basses et presque sans ouverture, où habitent, ces familles de carriers?... Leur nourriture, la revoyez-vous parfois?

Et en marchant à travers les bruyères, qui frémissaient sous mes pas, je songeais à ce que les hommes ont fait d'eux-mêmes et des autres...

J'entendais retentir de nouveau dans ces solitudes, la voix mystérieuse, qui à l'aurore des temps, imposa à l'humanité tout entière la grande loi du travail et je voyais d'innombrables générations, toutes filles les unes des autres, tourmenter la terre, fouiller ses entrailles et chercher partout et sans relâche leur pain quotidien, — pain bien souvent détrempé par les larmes et souillé par le sang; — et ces innombrables générations de malheureux et de déshérités marchaient sous le fouet de quelques familles également issues les unes des autres, qui s'étaient partagé la terre...

Et, je me demandais si Dieu avait créé deux classes d'hommes: l'une, pour la volupté et le commandement; l'autre, pour le désespoir et l'esclavage. Je me demandais aussi, si cette grande et terrible loi du travail éternel et souvent stérile, Dieu ne l'avait portée que contre une fraction de l'humanité...

Et, une voix inconnue me disait tout bas que dans sa justice, Dieu l'avait imposée à tout homme, mais que dans la suite des siècles, des êtres violents parurent qui, abusant de leur force, imposèrent aux faibles des obligations et des charges nouvelles... Ceux-là vivaient dans la joie et l'opulence; car ils s'étaient arrogé les fruits du travail des faibles... Et ils disaient que tous les fruits de la terre étaient à eux aussi bien que ceux qui cultivaient la terre; et, ils ajoutaient qu'ils possédaient tout cela par contrat, comme si le silence du faible est jamais une preuve d'acquiescement aux violences qu'on lui fait et à l'esclavage qu'on lui impose...

Et, les hommes puissants avaient des flatteurs qui applaudissaient en riant, à ces affirmations monstrueuses et blasphématoires. Or, ces flatteurs étaient pleins de duplicité, de mensonge et de basses passions et ils préféraient se nourrir de succulents débris, en rampant, le ventre sur les tapis, sous la table du maître, plutôt que de manger leur pain debout, la face tournée vers le soleil de Dieu...

Et l'esclavage des uns et l'orgueil des autres allaient croissant et les mensonges se multipliaient sur la terre, qui était inondée de larmes et de sang, et le désespoir couvrait le monde entier comme un épais brouillard qu'aucun vent d'espérance ne pouvait ni déchirer ni chasser...

Plus les siècles s'accumulaient les uns sur les autres et plus la dépravation des riches se développait, surexcitée sans cesse par les adorations et les hommages intéressés des flatteurs...

La honte pénétrait dans toutes les chaumières, où l'œil du maître avait entrevu dans l'ombre une vierge ou une épouse belle et gracieuse et sans pitié pour les larmes de la victime, pour les sanglots des enfants et des fiancés, sans crainte du muet désespoir de l'époux ou du père, les puissants l'entraînaient, la vierge, la femme éplorée, jusqu'au jour où, repus, ils la rejetaient de leur couche et la regardaient en riant et en raillant, s'éloigner, tête baissée, et reprendre la mort dans l'âme, le chemin de la chaumière, désolée, avec un fruit humain nouveau dans le sein...

Plusieurs fois poussés à bout, les peuples s'étaient soulevés contre la tyrannie des riches; ils avaient poli et repassé sur la pierre, les pointes de fer de leurs instruments de travail et ils avaient couru sus aux puissants; et plus d'une fois les rouges lueurs des palais incendiés avaient inondé les vallées, les fleuves et le sommet des hauts sapins, de leur éclat sinistre...

Épouvantés, éperdus, les riches jetaient l'or à pleines mains à travers les peuples, et leur or faisait toujours des traîtres qui vendaient leur âme et leurs frères...

Et, sous la parole gagnée de ces traîtres, les colères populaires s'apaisaient, les armes reprenaient leur forme première et bientôt l'esclavage devenait plus dur et les hontes se succédaient plus révoltantes et plus nombreuses au foyer des familles...

Un jour pourtant, les pauvres, vaincus par la douleur, se jetèrent dans les sillons humides, la face contre terre et se prirent à pleurer...

Tout à coup au milieu des cieux doucement illuminés par une mystérieuse aurore, retentit une harmonie immense et sur une croix qui resplendissait jusqu'aux extrémités du monde, un homme nu, sanglant et mutilé apparut... De ses lèvres mourantes, s'échappèrent ces mots : « Je suis la Rédemption et la Liberté; je meurs pour tous, pour les riches afin de leur enseigner la charité, la justice et le repentir; pour les pauvres, afin qu'ils reprennent courage et qu'ils pardonnent aux riches. Tous, vous êtes les fils d'un même Père qui, au début des temps, divisa son héritage à tous sans exception, par parties égales... Écoutez ceux-ci, j'espère qu'ils continueront mon œuvre libératrice. »

Et l'homme se tut; et, il mourut en jetant sur l'humanité un dernier regard de tendresse, et sur douze ouvriers qui pleuraient debout au pied de la Croix, il laissa errer un long regard d'espoir...

Et les douze ouvriers que les peuples appelèrent les douze apôtres, allèrent à travers le monde, prêchant à tous les hommes qu'ils étaient frères, et que la terre était à tous...

Et cette nouvelle doctrine s'étendait à travers la terre, rapide comme le vent d'orage sur les collines... Elle finit un jour par épouvanter les riches qui n'osaient plus prendre les filles et les femmes des pauvres et qui n'osaient plus atteler les déshérités aux chariots et aux voitures, et les pauvres regardaient les riches en face... Les puissants tuèrent alors les ouvriers, les saints de Dieu; ils avaient cru étouffer leur voix dans le sang, mais le sang parla plus haut que les saints eux-mêmes n'avaient parlé...

Voyant cela, les riches n'usèrent plus de violence, mais de ruse... Ils s'agenouillèrent devant les prophètes, les successeurs des martyrs, et leur donnèrent la première place en leurs banquets, et leurs épouses se faisant belles et caressantes, baisaient pieusement le bas de la robe des apôtres...

Or, la voix des apôtres s'adoucit, et ils ne parlèrent plus aux riches et aux puissants par imprécations...

Et on les voyait moins souvent au foyer, où l'on pleurait..., en la forêt, où l'homme coupait péniblement son bois pour l'hiver..., dans les champs, où le laboureur semait le pain de pur froment du riche et son pain grossier à lui...

Et souvent l'apôtre gravissait la rude pente qui conduisait aux palais et sa robe n'était plus de bure, mais de fin lin orné de pourpre... Et sa tête n'était plus nue comme au jour, où le Christ lui avait dit adieu, mais elle était couverte d'étoffes précieuses brochées d'or...

Et quand ils se rencontraient, les apôtes ne se saluaient plus au nom du Christ d'un baiser fraternel, car eux-mêmes, ils ne se reconnaissaient pas...

Et à ceux qui constataient avec surprise le changement survenu en eux, ils répondaient en baissant les yeux avec piété : « Les temps le veulent ainsi, l'habit fait l'homme souvent, et il lui donne une considération nouvelle »...

Et ils ne prêchaient plus l'antique doctrine du Crucifié, c'est-à-dire la liberté et la fraternité, mais seulement la patience, l'amour de la souffrance, la joie dans la douleur, et ils ne prêchaient cette doctrine nouvelle, désespérante et insensée qu'aux pauvres et aux déshérités, et jamais ils ne leur prêchaient autre chose que cela...

Aux riches, ils disaient en les bénissant et en les baisant : « Vous êtes les élus du Père, gloire à vous ! »

Et les apôtres menaient une vie opulente, pleine de paresse, sous prétexte de solitude, pleine d'égoïsme, sous prétexte d'éloignement du monde... Et bien qu'ils prêchassent sans cesse aux pauvres l'amour de la misère, de la souffrance et des larmes, ils fuyaient les larmes, la souffrance et la misère, comme aux temps écoulés du Christ, ils avaient fui le péché...

Et les peuples comprirent que de nouveau ils étaient joués, et qu'au lieu d'avoir à nourrir, à vêtir et à distraire les riches seuls, ils avaient à nourir, à vêtir, à distraire et à enrichir encore les faux hommes de Dieu.

Et ils murmuraient en silence...

Et le chef des apôtres dégénéré, s'irritait de ces murmures: il disait que la foi s'en allait de la terre et que Dieu punirait les hommes...

Et Dieu restait silencieux et indifférend à ce que disait le chef des apôtres, car le chef des apôtres avait corrompu toutes ses voies; il s'était fait-roi, et comme les rois, il avait une cour, des soldats, des palais de marbre et un diadème d'or, des flatteurs et il croyait au mensonge et il ne croyait qu'à cela...

Et lui aussi disait que les temps actuels exigeaient tout le luxe et toute l'opulence qu'il étalait...

Et comme si le Christ nu, pauvre et mort sur une croix, les eût gênés, les faux hommes de Dieu, les faux prophètes, reléguèrent la Croix et le Crucifié dans le fond de leurs sacristies,— lieux mystérieux, où rient les femmes et les apôtres, — et ils les remplacèrent sur les autels par la mère du Crucifié, rajeunie, belle et mise aux modes nouvelles; et bientôt la Vierge ineffable elle-même ne suffit plus, ils cherchèrent une nouvelle source de revenus, en une dévotion nouvelle, et l'Époux inconnu de Marie succéda à son Epouse détrônée... Ces substitutions religieuses s'appelaient excitation à la piété...

Et les peuples attristés se demandaient pourquoi Dieu restait silencieux et immobile, et pourquoi rien ne paraissait plus dans les cieux... Et les cieux voilés et assombris se taisaient...

Or, les peuples en appelèrent à eux-mêmes de la justice de leur cause, ils se comptèrent et virent ce qu'ils faisaient chaque jour, ce qu'ils produisaient et ce qu'on leur ôtait, et ils dirent : « Nous ne servirons plus... » Il s'établit une grève immense...

Et c'est ce qu'ils auraient dû faire depuis des siècles, au lieu de pleurer...

Et les rois n'eurent plus de soldats; plus d'or et partant plus de flatteurs; les riches n'eurent plus d'ouvriers et partant plus d'opulence; les prêtres n'eurent plus de croyants, partant plus de revenus...

Une loi unique régna sur le monde : la liberté et le travail pour tous...

Et parmi les riches aucune voix ne s'éleva pour protester; ils sentaient qu'assez longtemps ils avaient joui et régné en tyrans; ils courbèrent la tête, convaincus qu'ils ne verraient pas la fin du règne du prolétaire, car eux étaient vieux et amollis et leurs fils peu nombreux et rachitiques...

IV

Le secret des triomphes de Rome aux grandes époques de l'histoire est dans le rôle magnifique qu'elle s'était donné et qu'elle poursuivait avec autant d'ardeur que de génie : la défense du droit désarmé contre la force, et la défense des peuples contre les rois...

Aussi la voix des papes trouvait-elle alors, du bas en haut de l'échelle sociale, un écho formidable de reconnaissance ou de terreur...

La Papauté, durant de longs siècles, lutta en faveur d'un principe et non point pour le maintien d'intérêts vulgaires, étroits et équivoques de caste ou de personnes...

Tout le secret de la puissance pontificale fut dans la poursuite inflexible, intelligente et constante de cette ligne de conduite.

Ce n'est pas seulement le génie des Grégoire, des Léon et des Benoît, qui a fait de Rome la maîtresse du monde au moyen âge, c'est l'esprit social dont furent animés les papes, qui donna au Saint-Siège l'influence immense et presque toujours décisive que l'histoire lui reconnaît dans chacune de ses pages, comme à chacune de ses époques les plus calmes, aussi bien que les plus bouleversées.

Et, aujourd'hui que la Papauté s'est retirée, je ne sais pourquoi, ou plutôt je sais trop pourquoi, de la vie publique des peuples, à quoi est-elle réduite ? à quoi s'est-elle réduite ?...

« Rome sent le mort, » disait Viollet-le-Duc, il y a de longues années de cela... Oui, comtesse, Rome sent le mort ! Tant pis pour nous ; car, l'équilibre social est détruit par ce fait...

. . . .

Durant trois siècles la toute-puissance réside dans la Papauté dont nulle force politique ne peut ébranler la grandeur, ni diminuer l'influence. Tout recherche l'alliance de ce pouvoir mystérieux et sans limite qui, constamment en lutte avec les rois et les empereurs, brave leurs menaces, les dépossède quand il lui plaît et apprend aux peuples dans un langage dont la Papauté a depuis longtemps perdu le secret, que les souverains ne règnent sur les peuples qu'en vertu d'un contrat qu'annulent spontanément la tyrannie et la débauche royales.

Et ce qui ajoute une puissance formidable à la puissance déjà si grande des papes, ce qui rehausse et fortifie leur grandeur et leur ascendant moral sur les sociétés, c'est l'indépendance où ils se trouvent vis-à-vis des princes et qui résulte de leur mode d'élection.

Moines pour la plupart, les papes de ces âges appartiennent à la race audacieuse des novateurs sociaux ou à la race austère des réformateurs religieux. Ce que leur génie pénétrant entrevoit et découvre, leur volonté de fer l'impose ou le défend, suivant que la chose est utile ou dangereuse. Ils ne reculent devant aucune lutte pour faire respecter les droits de l'Église : l'exil même et la persécution ne sont pour eux qu'une occasion nouvelle de rendre plus sacrés aux yeux des nations, les privilèges dont ils s'investissent.

Pour mettre un frein aux violences et aux incessantes débauches des seigneurs, pour exercer sur l'esprit demi-barbare des rois une influence salutaire, pour couper court à ces luttes sanglantes qui désolent le siècle et arrêter peu à peu ces éternels conflits qui s'élèvent sans cesse entre les souverains et les peuples, Alexandre II, Nicolas II, Grégoire VII rêvent de transformer les Conciles en grandes assises sociales et religieuses, où se régleront et se résoudront désormais les difficultés nationales et féodales...

Et, la chose aussitôt se fait et le tribunal pacifique fonctionne pendant plusieurs siècles sans interruption...

Le pape jette-t-il l'interdit sur un royaume, sur une province, tout tremble ; tous s'éloignent du souverain frappé spirituellement, tous le fuient avec horreur, car, ils croient lire sur son front le signe mystérieux de la réprobation... Et les criminels s'empressent de venir à résipiscence et les reines répudiées reprennent la couronne et leur place dans la couche royale, et les reines adultères abandonnées au milieu de leur puissance, vont en pleurant, la tête ceinte encore des roses dont on les couronnait hier, chercher dans les solitudes de Chelles ou de Fontevrault, le repos de l'âme, l'oubli du monde et le pardon d'un amour irrégulier.

Le moyen âge, les yeux fixés sur la grande vision divine, croyait retrouver sans doute dans chacun des actes de la Papauté une manifestation de l'éternelle justice et de l'éternelle vérité.

Et pourtant le moyen âge riait presque toujours — et son rire était narquois, — le moyen âge riait presque toujours de ceux devant l'ascendant moral desquels il s'inclinait avec respect ; il riait des moines, des cardinaux et des couvents, et si son rire grossier, brutal et cynique pourtant, était communicatif, c'est parce qu'il était sincère et vrai tout aussi bien que ses croyances.

Le moyen âge ne prend pas plus au sérieux la vertu et la moralité des évêques et des abbés, qu'il ne prend au sérieux leur désintéressement, et pourtant il tremble sous la simple menace d'une excommunication; il enrichit sans compter monastères et abbayes et il baise en se signant le scapulaire souillé de vin ou le cordon crasseux du religieux mendiant.

Pourquoi cette affection pour le clergé en même temps que cette liberté d'allures à son égard?...

C'est qu'alors des intérêts communs unissent le peuple et le prêtre; l'un et l'autre tendaient à un même but: l'émancipation; et le besoin de s'affranchir du joug révoltant des puissances oppressives de la terre, les unissait l'un à l'autre dans une alliance que rien ne pouvait alors ni rompre ni entamer...

Et pourquoi aujourd'hui une scission profonde existe-t-elle entre Rome et les peuples?...

V

La Rome moderne a toujours eu une terreur profonde et instinctive de tous les mouvements populaires de quelque façon qu'ils se manifestassent et quelque fût la cause à la suite de laquelle ils se produisissent.

J'avoue en effet qu'un peuple broyant un trône ou expulsant une dynastie au milieu des bombes et de la mitraille, est loin de rappeler les mièvreries de Trianon, et que pour le peindre demi-nu, ensanglanté, noirci par la poudre et les cheveux au vent, il faut un autre pinceau que celui de Watteau ou de Greuze...

Mais que l'on s'épouvante outre mesure d'une agitation populaire, j'ai de la peine à me faire à cette idée-là, à moins que l'on ne soit par trop du côté de ceux contre qui les masses s'insurgent...

Or, c'est peut-être bien ce qui explique la cause des peurs incessantes de Rome, le jour où l'on annonce l'explosion de quelque tempête politique...

Comme la plupart du temps, ce sont les amis de Rome que le peuple jette par la fenêtre; elle appréhende toujours de recevoir le contre-coup de la Révolution...

Cette terreur constante dans laquelle elle vit, devrait par son caractère anormal même lui ouvrir les yeux et lui faire comprendre que presque toutes ses alliances pouvant lui devenir funestes, elle suit donc une politique maladroite et peu avantageuse à ses intérêts et à l'idée qu'elle représente...

Mais rien ne lui dessille les yeux : le lendemain du jour où le peuple victorieux cesse de combattre, parce qu'il a établi un nouveau pouvoir qu'il croit plus honnête ou plus intelligent, Rome se rassure, s'empresse de chanter des *Te Deum*, d'envoyer des nonces, de faire des courbettes devant le nouvel élu qui souvent grisé par la puissance, ne tarde pas à oublier ses origines et à croire en vrai métal sa couronne de carton... De nouveau, on banquète, on se congratule, on échange des baisers et des croix, jusqu'à ce qu'un beau matin, le peuple qui voit qu'on le berne, redescende dans la rue, fusille un peu partout où il les trouve, les courtisans et envoie l'élu rejoindre les vieux dépossédés à Holy-Rood, à Clarmont ou ailleurs...

Nouvelles transes de Rome d'une part, et d'autre part, impopularité croissante de la Papauté que le peuple trouve éternellement du côté de ses ennemis...

Si le peuple ne garde pas toujours pour lui le sceptre qu'il arrache aux mains des souverains, il est assez fort toujours pour le donner à celui à qui il veut le donner au lendemain de son triomphe. Rome devrait donc se souvenir que toujours le peuple est la force, et que plus la société avancera, moins le peuple de plus en plus éclairé par l'expérience, sera tenté de se dessaisir du pouvoir en faveur même d'un mandataire, jusqu'au jour prochain où il voudra se gouverner lui-même...

Malgré la conduite systématiquement impolitique de la Papauté, l'attitude des masses au soir de leurs victoires, a-t-elle jamais été sérieusement hostile au Saint-Siège?...

Il est bien évident que je ne parle pas ici des révolutions faites par la bourgeoisie, qui a toujours enveloppé dans une haine commune les rois et les vieux principes qu'elle renversait et Rome qu'elle insultait...

1830 est une preuve éclatante de ce que j'avance aussi bien que cette troisième présidence bourgeoise sous laquelle nous végétons aujourd'hui....

En 1848, la Révolution française ne fut-elle pas profondément sympathique, je ne dirai pas seulement à la religion, mais aussi au clergé lui-même? N'était-il pas appelé partout pour bénir les arbres de la liberté; n'était-il pas convié à toutes les fêtes nationales?... Un des plus beaux triomphes oratoires de Lacordaire à la chaire de Notre-Dame, ne date-t-il pas du lendemain des journées de Juin et ne lui fut-il pas inspiré par la sublimité religieuse du peuple de Paris? Les masses victorieuses n'ouvraient-elles pas leurs barricades encore ensanglantées pour livrer passage aux sœurs de Saint-Vincent-de-Paule et ne rendaient-elles pas à l'Eucharistie les honneurs militaires à travers les rues de leur grande cité, encore jonchées de cadavres?

Or, à qui le catholicisme devait-il ces manifestations bienveillantes, sinon à l'influence d'une École qui avait parlé, prêché et écrit pendant vingt ans en faveur de l'union de la religion et de la liberté, en faveur de l'alliance entre le pape et les peuples?

Les peuples avaient entendu l'appel de cette école catholique, seuls les papes avaient refusé d'écouter...

Les gouvernements de Charles X et de Louis-Philippe avaient traqué, frappé et poursuivi sans cesse et par tous les moyens cette généreuse et puissante École; le peuple, lui, s'était attaché à elle au soir même de sa première persécution; il n'avait pas attendu pour l'acclamer qu'il fût le maître, il avait salué en elle une amie, une libératrice, parce que dans ses doctrines il avait vu briller l'espérance et la rédemption sociale, alors qu'il était encore le vaincu...

Et pendant vingt ans, Rome elle, Rome surtout, avait repoussé les théories qui devaient triompher; le haut clergé avait protesté contre elles, et subitement l'une et l'autre pourtant trouvaient leur salut ou au moins leur tranquillité par ceux qu'ils avaient répudiés la veille avec acharnement et dont ils étaient heureux de saisir la main en ces jours d'angoisse...

Comme toutes lès révolutions populaires, 1848 fut animé d'un souffle spiritualiste incontestable; tous ceux qui ont assisté à ce grand mouvement s'en souviennent, et beaucoup sont encore là pour l'affirmer. Or, c'est ce caractère religieux qui fit rire la bourgeoisie. Et si le mouvement de 1848, dans toutes les parties de l'Europe où il se manifesta, fut sympathique à l'idée chrétienne, c'est que le peuple seul agissait...

Les révolutions plébéiennes ont toutes le même caractère religieux et élevé, et cela se comprend aisément.

La bourgeoisie, elle, ne réclame qu'une faveur de caste et un avantage transitoire; le prolétariat, lui, s'insurge au nom d'un principe; il réclame des droits primordiaux et naturels qui furent violés et anéantis jadis par les puissants et les rapaces.

La lutte d'une bourgeoisie ne peut avoir lieu que contre un gouvernement; le peuple, lui, livre ses batailles à un monde tout entier. Le bourgeois réclame pour son bien-être et pour quelque chose de relatif; le peuple, quand il se lève, affirme un droit, — un droit sacré, — son droit de vivre... Le peuple qui se révolte remplit un devoir vis-à-vis de lui-même, et il accomplit un acte de justice à l'égard de la génération qui va lui succéder et qui sortira de lui...

Une révolution bourgeoise est une turlupinade, une révolution populaire est un acte social... Or, pourquoi la Papauté laisse-t-elle toujours la démocratie isolée sur tous ses champs de bataille et pourquoi voit-elle avec une terreur croissante les succès du prolétariat?...

Ici permettez-moi, je vous prie, comtesse, un souvenir personnel; cela me donnera l'occasion de rendre hommage à un homme que j'ai fort aimé et qui répondra lui-même à la question que je viens de jeter sur le papier : « Pourquoi la Papauté laisse-t-elle toujours la démocratie isolée sur tous ses champs de bataille?... »

Il y a quelques années j'étais allé voir, comme j'avais l'habitude de le faire à peu près tous les jours, un père dominicain de mes amis qui depuis est mort à Arcachon...

Bien des tristesses et de silencieuses douleurs

ont abrégé la vie de ce religieux et ont rendu bien navrés les derniers jours qu'il passa sur la terre...

Nous nous promenions tous deux dans les vastes allées sablées des jardins, au milieu desquels est situé le magnifique collège où il était procureur, à Oullins... Le soir tombait...

— Avant de nous séparer, un dernier mot, mon père, dis-je au pauvre malade.

— Puisque nous avons parlé aujourd'hui si longtemps de la Papauté, laissez-moi pour terminer vous adresser une dernière question... Pourquoi Rome appréhende-t-elle autant les triomphes probables du peuple?...

— Eh! mon Dieu, la réponse est bien simple, me dit le père G... en levant sur moi son grand œil noir, brillant et mourant,... parce que les papes et les cardinaux ne sont plus des fils de menuisiers...

Et le père G... disait vrai...

Tant que la Papauté et la cour romaine sont sortis des rangs plébéiens, elles ont eu à cœur le triomphe des intérêts populaires; quand plus tard les papes sortirent des rangs de l'aristocratie et qu'ils s'entourèrent d'une cour aristocratique, comme eux ils eurent peur de la foule débraillée qui demandait du pain et réclamait ses droits; ils tremblèrent pour les privilèges de la classe à laquelle ils appartenaient, et leurs craintes étaient logiques : elles étaient la conséquence naturelle de leur éducation première aussi bien que de leurs idées et de leurs principes exclusifs...

Cette question est assez longuement traitée, n'est-ce pas comtesse? Sur ce point, je le sais, vous resterez quand même, et pour cause, de l'avis de la cour romaine...

. . . .

VI

Si le Christ, lorsqu'il vint sur la terre pour établir le christianisme, eût procédé comme ont procédé depuis lui quelques-uns de ses vicaires, le succès de son œuvre eût été singulièrement compromis, et je me demande jusqu'à quel point les nations eussent accepté sa doctrine avec autant d'enthousiasme qu'elles l'ont fait...

Voyez-vous d'ici l'Homme-Dieu prêchant la morale, le renoncement aux biens de ce monde qui passe, la communauté d'origine de tous les hommes, la pauvreté et le repentir... le voyez-vous après avoir prêché tout cela repousser avec haine les publicains, les pauvres, la chananéenne, les lépreux, les aveugles, et donner des baisers et de vigoureuses poignées de mains à Hérode, à Hérodiade, à Pilate et à Philippe!... Le voyez-vous allant sans façon et un compliment sur les lèvres, et tout joli, partager le fin souper de Salomé ou le plantureux déjeuner du mauvais riche!... Et pendant ce temps-là son ami Lazare se serait traîné à quatre pattes sur le seuil de la porte et sous la table du puissant de la terre qui dînait avec son Dieu!...

Et pourtant voilà ce que fait la Papauté, voilà ce que fait le clergé! Ils disent blanc et ils font noir; ils prêchent le mépris de la terre et des biens fragiles qu'elle renferme, et ils les poursuivent avec avidité; ils s'appèlent les amis du pauvre et ils le fuient; ils parlent de l'efficacité des larmes et ils en ont horreur; ils prônent les avantages de la misère et partout ils se font bâtir d'opulents monastères, de riches abbayes et de splendides demeures; ils osent même appeler leur prodigieux amour du luxe d'habitation... respect des traditions architecturales; ils ont un texte biblique, une phrase évangélique pour tout justifier en eux et leur égoïsme, et leur poltronnerie et leur sybaritisme... Ils disent que leur Dieu est né dans une étable, qu'il pleura, qu'il aima et qu'il voulut sceller par son martyre l'alliance de son Père et de l'Humanité, et leurs chefs ont des palais, ils sont vêtus de pourpre; ils ont des gardes et des valets; ils rient avec les riches et leur visage n'est austère qu'avec l'orphelin déshérité et la vieille veuve spoliée; ils n'aiment qu'eux et leurs familles, auxquelles ils laissent en héritage une partie des biens des peuples et des biens de Dieu; ils vivent sur tous; toujours cupides, ils crient à la persécution lorsqu'on leur refuse les privilèges qu'ils demandent; et quand sonne l'heure du danger pour leur troupeau, au lieu de le rassembler autour d'eux et de veiller à son salut, ils se sauvent et s'enfuient; ils compromettent les peuples, et quand ils les ont compromis, ils les abandonnent et ils vont de salon en salon étaler le simulacre lucratif de leur martyre avec des sourires célestes, des larmes dans la voix et des airs de crucifiés!...

Désireux de luxe, de bien-être et d'oisiveté comme il l'est, comment voulez-vous, comtesse, que jamais le clergé puisse embrasser un jour la cause des pauvres et des affamés, la cause du Christ et du peuple?...

. . . .

VII

L'incurie de Rome est si grande, qu'elle n'a même pas une presse pour la défense des intérêts catholiques !... Je pense bien, comtesse, que vous n'appelez pas: presse catholique,... l'*Univers*, l'*Union*, *le Monde*, etc., où, depuis quinze jours on me béatifie à bouche que veux-tu, le fils putatif de ce vieux sot de duc de Berry...

Il est vrai que pour propager sa doctrine, l'Église a ses chaires, qu'illustrent l'abbé Papavoine et le père Olibrius; elle a encore à son service la plume de votre illustre compatriote, Mgr Margotti...

Et cependant naguère, l'un des hommes les plus distingués du clergé de Paris, Mgr l'abbé d'Hulst, recteur de l'Université de Paris, que l'on ne saurait accuser d'un libéralisme exagéré, disait, le jour où les Dominicains ont transformé en oratoire, la chambre de Lacordaire, ces paroles bien significatives : « Nous sommes à une époque nouvelle ; il nous faut des hommes nouveaux. Aux besoins nouveaux qui se manifestent, sont dues parfois des satisfactions légitimes... »

Or, ne serait-ce pas par une presse intelligente et bien organisée, que pourrait pénétrer dans l'esprit de la société moderne, le commencement des satisfactions bien dues par Rome aux idées et aux besoins d'un siècle nouveau?

Mais qui tiendrait la plume ?...

. . . .

Les abbés Rorhbacher et Gorini après avoir élevé à la défense de l'Église catholique, le magnifique et colossal monument scientifique et historique que l'on sait, ne sont-ils pas morts suspects et dans la misère ?... Louis Veuillot lui-même, le vipérin Louis Veuillot fut indigné de leur abandon... Rorhbacher mourut dans une petite chambre d'hôtel et Gorini s'éteignit dans son presbytère de la Tranchlière, au milieu des marais de l'Ain....

VIII

C'est vainement que l'on veut aujourd'hui se faire illusion sur la faiblesse toujours croissante de la Papauté; chaque jour, à chaque événement considérable on est obligé de constater que le Saint-Siège est de plus en plus isolé, et que son action autrefois si vaste et si multiple, se réduit actuellement, en dehors du cercle religieux, à bien peu de chose, malgré les affirmations contraires d'un parti intéressé à grandir quand même, la puissance pontificale...

Et, un aveu triste à faire, dans le milieu même qui dépend exclusivement de Rome au point de vue spirituel, la puissance du Saint-Siège, sans être absolument discutée, est restreinte à des limites telles, que le pape n'oserait les franchir, dans la crainte de soulever des mécontentements dont les conséquences pourraient entraîner de nouvelles et imminentes dislocations de son domaine.

Rome semble rire, — rit-elle sincèrement, je l'ignore, — de ceux qui la supplient de se réconcilier avec les peuples et qui lui demandent de se rallier au mouvement moderne... Pour elle, ces alarmistes, enfants dévoués pourtant, ne sont que des affolés et des trembleurs, quand ils ne sont point des énergumènes ou d'odieux prophètes qu'elle frappe et anathématise, s'ils parlent trop haut et trop longtemps...

Contre les novateurs ennemis et pour les conseillers amis, elle n'a qu'un seul argument et cet argument est invariablement le même : « La barque de Pierre ne sera jamais submergée, les portes de l'enfer ne prévaudront point contre l'Église. » Son optimisme sans limites, ne lui inspire pas autre chose que ces déclarations qui, aujourd'hui sont loin d'être d'une exactitude rigoureuse; ce langage mystique est peu en rapport avec ce qui se passe...

Rome affirme solennellement et sans cesse qu'elle a enterré tous ses ennemis, depuis Julien jusqu'à Rousseau... C'est là, où elle essaie de prendre la revanche de son effacement actuel...

La chose est vraie :... Rome a enterré tous ses ennemis... Mais si les hommes ont disparu, les pensées sont restées, et ces idées, propriété de quelques-uns d'abord, ont germé en silence, se sont épanouies, puis ont pénétré la société tout entière et l'ont conquise. Le temps a eu raison de l'homme, c'est vrai et c'était fatal, mais il a vivifié la découverte du philosophe bonne ou mauvaise; il l'a vulgarisée et il a infligé ainsi à Rome une défaite nouvelle, une nouvelle perte de terrain ou créé contre elle de nouvelles haines actives et fécondes. Et, sans s'en douter, une partie du monde a été initiée ainsi à une vie nouvelle, à des espérances et à un dogme nouveau...

Pour Rome, je le sais, tous les penseurs et tous les philosophes sont des ennemis. Aussi assiste-t-elle à leurs funérailles avec bonheur et entonne-t-elle avec volupté un chant de victoire sur leur tombe à peine fermée...

Mais, dites-moi, comtesse, Cousin mort, Gratry mort, Damiron et Saisset morts, — je ne parle ici que de nos contemporains, — les idées de ces hommes ont elles été ensevelies avec eux? Personne n'a-t-il conservé en un coin de son cœur le souvenir fécond de la parole de ces défunts?

Et vous voyez pourtant que je ne parle encore que des philosophes les moins belliqueux et les moins enfiellés...

Rome a enterré ses ennemis et elle est restée debout, c'est vrai. Mais quand Rome compare sa vie, — la vie d'une institution, — à la durée d'une vie humaine, elle sait qu'elle fait une comparaison fausse...

Une institution si faible qu'elle soit, a la vie plus dure et plus robuste qu'un homme : il n'est pas besoin d'avoir une intelligence bien profonde pour se rendre compte de cela.

Et, c'est parce que Rousseau a vécu soixante ans, Voltaire quatre-vingts ans, Diderot cinquante ans seulement, que Rome se croit en droit de chanter victoire !...

Mais Saint-Louis de Gonzague est mort à vingt-deux ans, et le bon pape Jean XI, le fils de la Marozie, n'avait pas vingt ans quand il s'éteignit au château Saint-Ange, dans les bras de son frère, qui venait de l'empoisonner...

Et qu'est-ce que cela prouve ?... Les morts prématurées de ces hommes autorisent-elles les hérétiques et les ennnemis du catholicisme à dire qu'ils ont enterré les saints de Dieu et les chefs de la Chrétienté ?... En parlant ainsi schismatiques et hétérodoxes ne seraient-ils point profondément ridicules ?

. . . .

Que Rome jette un regard autour d'elle et elle verra si les morts sont aussi morts qu'elle l'affirme et qu'elle le prétend. Qu'elle jette un regard autour d'elle, c'est-à-dire sur la société moderne ; qu'elle pénètre un peu dans les esprits du siècle et dans les intelligences contemporaines ; qu'elle prête l'oreille à ce qui hier se disait tout bas et qui se crie et s'écrit partout aujourd'hui et elle verra si le testament philosophique, social ou religieux des hommes qu'elle a enterrés, est resté clos et scellé au fond de leur tombe, ou si la pensée humaine désireuse d'investigations et de solutions, n'est point descendue à son insu, fouiller dans ces cendres pour s'y recueillir, chercher, méditer, se souvenir et marcher....

Sans doute, Rome, dont la cause n'est presque jamais celle du catholicisme, a enterré ses adversaires !... Mais dites-moi, comtesse, si elle a réussi aussi bien à enterrer leurs doctrines ?...

Luther est mort, mais l'Allemagne est protestante; Zwingle est mort, mais la moitié de la Suisse est réformée ; Knox est mort, mais l'Ecosse est presbytérienne; Calvin est mort, mais trois millions de français professent sa foi; Henri VIII est mort, mais l'Angleterre est épiscopalienne; Olaüs Petri et Wasa sont morts, mais la Suède, la Norwége et le Danemark sont luthériens; Photius est mort, mais la Russie et tous les peuples d'origine slave ont brisé les liens religieux qui, jadis, les unissaient au catholicisme; Mahomet est mort, mais cette terre d'Afrique, où brillèrent autrefois tant de saints et tant d'illustres et savants évêques, est perdue pour Rome... L'Amérique du Nord tout entière est protestante... Que reste-t-il à Rome, en Asie?... Quelques missions éparses, besoigneuses et stériles qui végètent dans le marasme...

Et Rome se console de ses défaites et de ses grandeurs évanouies, par la création incessante d'évêchés in partibus!... Ces diocèses sans fidèles, dont les titulaires se promènent et quêtent en Europe, lui font croire peut-être que depuis dix-huit cents ans, elle n'a pas encore perdu un pouce de terrain!

Et si je parlais, comtesse, des pays catholiques, des pays de race latine, — derniers débris d'un empire religieux jadis formidable, mais qui se dissout aujourd'hui, — si je parlais de la France, de l'Italie, de l'Espagne et des républiques du Sud de l'Amérique, quels désastres j'aurais à enregistrer au passif de la Papauté, et combien de défaites là aussi j'aurais à constater que Rome a subies et subit tous les jours encore...

Le dégoût, l'indifférence et le scepticisme n'ont-ils pas pénétré ces races plus profondément qu'on semble communément le dire et le penser? Or, les philosophes et les railleurs qui ont ébranlé les croyances de ces peuples sont morts aussi, mais leurs idées se sont-elles évanouies et leur incrédulité frondeuse ou savante a-t-elle été ensevelie avec eux?... N'ont-elles point marché douloureusement fécondes ces idées, à travers les générations qui les accueillaient comme le mot de passe du progrès, de l'indépendance intellectuelle et de la liberté moderne!...

Vous le voyez, plus le monde marche et plus il s'isole de la Papauté!...

Je me trompe. Plus le monde marche et plus Rome s'acharne à s'isoler et à s'éloigner du mouvement providentiel qui porte les peuples en avant.

Rome n'est pas immuable, elle est immobile... La Synagogue dut être ainsi lorsque le Christ vint apporter aux nations frémissantes cette doctrine nouvelle qui devait illuminer les ténèbres, où s'égarait la société ancienne et qui devait déchirer du haut jusques en bas le voile qui nous dérobait les cieux et nous cachait l'espérance, ce premier Verbe de toutes les rédemptions sociales...

Rome est donc seule aujourd'hui? Oui, et malgré elle aujourd'hui, l'esprit humain s'est affirmé et la pensée a repris possession d'elle-même, grandie encore par l'élévation mystérieuse que lui a communiquée le christianisme...

. . . .

Or, ses défaites, Rome les a essuyées non point parce qu'elle a combattu, mais parce qu'elle a refusé de combattre et de parler en temps opportun. Ses désastres, elle les doit à son inactivité...

Extérieurement, Rome semble atteinte de cette maladie mortelle à laquelle succombent toutes les institutions et toutes les sociétés qui ont dépassé leur apogée, qui ont vu se réaliser d'une manière trop absolue toutes leurs aspirations et qui ont obtenu une satisfaction trop complète de tous leurs appétits. Rome, comme la bourgeoisie actuelle, comme le monde écroulé des Césars, comme le Bas-Empire, Rome est atteinte de mollesse ou de sénilité...Or, la mollesse et la sénilité enfantent l'amour du repos et la peur, qui naturellement donnent horreur des luttes...

Plutôt que de descendre dans l'arène, on fait des concessions, on se tait, on espère des époques plus favorables, et les temps s'écoulent, les révolutions montent, les affamés s'asseient bruyamment au banquet des privilégiés d'hier, et les timides de la veille deviennent les violents et les vainqueurs du lendemain... Et voilà que les institutions et les sociétés les plus solides, les mieux organisées en apparence sombrent, disparaissent disloquées, dissoutes et noyées dans le monde nouveau qu'elles s'obstinaient à ne pas voir. Car nous avons à nos portes, comtesse, un monde nouveau qui attend...

En sera-t-il de même pour Rome? Je ne sais, mais tout porte à le croire... Et pourquoi Rome, au reste, ferait-elle seule dans l'avenir, une exception aux lois générales qui régissent les empires?... N'a-t-elle pas eu soin de détruire elle-même par ses fautes la croyance des peuples en son origine divine? Son histoire n'est-elle pas là pour établir qu'elle aussi, dans le passé, a eu ses vicissitudes, ses chutes et ses défaillances tout comme les autres sociétés, et que rien en cela ne l'a distinguée des autres institutions humaines qui l'ont précédée et qui lui ont préparé jadis les voies? Oui, Rome a détruit elle-même ce que ses origines pouvaient avoir de mystérieux et de divin... Elle disparaîtra donc comme s'est évanoui naguère ce monde que la Révolution emportait hier, monde dont le souvenir nous paraît aujourd'hui si lointain déjà et dont il nons semble que l'existence même était une violation révoltante des droits naturels et primordiaux de l'homme!

Un jour viendra où Rome sera remplacée...

. . . .

Ce fait, au reste, de la naissance, du développement, de l'apogée et de la décadence d'une société, est un fait fatal et régulier; les religions se modifient et les empires disparaissent...

VIII

. . . .

Les bourgeois et leurs historiens, comtesse, ont fait aux papes un reproche que je voudrais bien qu'on leur adressât encore. Les gras du Tiers-État et les vaillants bonnets à poil de 1830 ont accusé les souverains pontifes d'ambition ; ils ont dénoncé leur besoin de domination ; ils ont fait force tirades contre la prétention que Rome avait jadis de distribuer seule les trônes et de briser les couronnes royales...

Moi qui suis du peuple, je félicite le pape du rôle magnifique et puissant que l'avilissement des princes et des empereurs, que les crimes des souverains et les misères des nations l'ont contraint à remplir, et qu'il a si merveilleusement rempli durant tout le moyen âge et pendant une longue

4.

partie des temps modernes. Je relis avec ivresse les pages où sont relatées les ingérences incessantes et absolues de la Papauté dans les affaires politiques et sociales du passé; je la revois avec bonheur dépossédant les fiers Empereurs d'Allemagne et faisant trembler dans leur pourpre les Rois de France; j'entends avec joie éclater sa grande et formidable voix au milieu des batailles et des agitations de toutes sortes qui ébranlaient le monde en fusion...

La Papauté plébéienne et absolue ne faisait alors qu'un avec les peuples, et elle les rendait à eux-mêmes en les arrachant aux esclavages royaux et féodal. Aussi le peuple qui savait que la Papauté parlait, agissait et combattait pour le droit et pour les faibles, se faisait-il avec enthousiasme l'exécuteur immédiat et impitoyable de tout décret pontifical... Aussi comme les rois tombaient facilement et comme les masses populaires marchaient à pas de géants dans cette carrière que déblayaient les anathèmes et qu'illuminait la foudre romaine!

A cette époque, la Papauté entraînait les peuples émancipés à la conquête de leurs libertés humaines et sociales; elle résumait dans toute leur splendeur l'organisation et la révolution, c'est-à-dire le progrès dans ses deux termes les plus parfaits et les plus essentiels!

Et aujourd'hui, comtesse?...

. . . .

Vous savez bien ce que c'est que le Vatican, comtesse?

Le Vatican est un antique palais désert, immense, froid et triste. Un vieux prêtre craintif, attristé, isolé, ignorant de ce qui se passe et indifférend à ce qui se dit au dehors, sans cesse tremblant pour sa triple couronne de cuivre doré, habite une chambre perdue de cette vaste et silencieuse demeure; il prie un Dieu qui ne l'entend plus et s'ennuie entouré de gens qui s'ennuient et se taisent. De loin en loin, un pas retentit dans les longues galeries où seule habituellement la voix du vent se fait entendre : c'est le pas d'un touriste qui veut voir le pape, et pour le voir il vient lui demander, pour la forme, une bénédiction et une médaille en nikel... Il consignera le souvenir de cette visite dans son calepin, entre une observation météorologique et une remarque sur les prix exorbitants des tables d'hôte dans l'Oberland... Un garde-noble en frac rouge, un soldat suisse en veston jaune, en casque de zinc et en cuirasse de tôle, bâillent dans les allées des jardins; le camérier de service s'étire les doigts, se fait les ongles en regardant passer les nuages et en écoutant siffler les merles...

Un vieillard impuissant, un mercenaire, un curieux, de vieux meubles et un être hybride, ni prêtre ni laïque, voilà tout ce qui reste aujourd'hui de la Papauté, de sa puissance, de ses gloires, de ses splendeurs, de ses triomphes et des peuples qui jadis accouraient à Elle, pleins d'émotion et d'espérances... Au reste, comtesse, ne connaissez-vous pas le Vatican et les choses du Vatican mieux que moi et aussi bien que moi, mais sans vouloir l'avouer tout à fait, n'en connaissez-vous pas toute la triste histoire présente comme vous savez celle de son merveilleux passé?...

On a fait à la Papauté, disais-je, le reproche d'ambition et il n'est pas un vulgaire faiseur de dictionnaire historique même, depuis Dézobry jusqu'à Bouillet, qui ne répète cette sotte ineptie et ce bête lieu commun.

N'est-il pas dans l'essence de toute société et de toute institution qui apparaît pour la première fois sur la scène du monde, de jouer des coudes, — pardonnez-moi, je vous prie, cette expression triviale, — pour se faire jour et prendre au soleil, sa part grande ou petite, dans l'harmonie sociale et le mouvement général? Voyez, en effet, les sociétés qui se créent, les empires qui se fondent, les classes qui arrivent à participer un peu à la vie active du monde politique ou social, dont hier encore elles n'étaient qu'une partie inaperçue et impuissante, parce que des lois restrictives les tenaient en tutelle ou entravaient leur essor... Jetez un coup d'œil sur les débuts des peuples et des royaumes, et dites-moi si cette première apparition, si cette première affirmation d'une existence n'est point violente et presque agressive?

Le nouveau venu, — et en agissant ainsi, il obéit à une loi fatale et partant régulière, — le nouveau venu s'efforce de contraindre ses voisins ou ses prédécesseurs à lui céder un peu de place d'abord; puis comme les autres ont joué leur rôle et qu'ils sont las ou épuisés, petit à petit ils se rendent aux ardentes exigences et aux réclamations violentes de la nouvelle caste, de la nouvelle institution, de la nouvelle société qui plus qu'eux répond aux besoins de l'heure présente, et, à la longue, ils s'en vont s'effaçant et s'évanouissant sans laisser d'autre trace de leur passage, qu'un vague souvenir, des privilèges perdus et des dépouilles abandonnées...

Or, jusqu'aux temps modernes, Rome a marché de l'avant et elle a été le coin qui a fait sauter les institutions surannées et les sociétés caduques ou celles qui naissaient peu viables... En vertu de cette loi du progrès incessant ou plutôt en vertu de la loi indéniable des transformations perpétuelles, Rome a dû se faire sa place au monde et ce qu'elle n'a pas anéanti parce qu'il y avait encore là de la force et de la sève, elle l'a absorbé et se l'est approprié...

Elle a suivi en cela une voie à laquelle il lui était impossible de se soustraire, pas plus que les sociétés qui viendront après nous, ne pourront se soustraire elles-mêmes à cette loi...

Rome suivait donc sa carrière, elle commençait sa tâche, elle affirmait son existence...

Mais aujourd'hui la tâche de Rome serait-elle terminée, son existence serait-elle finie, puisqu'elle se tient à l'écart de tout mouvement et de toute vie? Et pourtant que de choses lui restent à faire...

Participerait-elle aujourd'hui déjà, à la torpeur mortelle qui a envahi la bourgeoisie et les royautés? Va-t-elle disparaître avec les pouvoirs actuels, devant la démocratie qui monte, s'affirme à son tour, et qui comme toute société nouvelle arrive avec des projets de réformes radicales et une législation connue d'elle seule, — réformes et législation qui ne seront que la satisfaction et la justification d'appétits et de besoins aussi longtemps inassouvis que réels et légitimes?...

Si la Papauté ne se souvient pas une fois encore et bientôt, qu'elle est d'essence et d'origine progressiste, si elle méprise ou méconnaît ce monde qui depuis trente ans s'est révélé d'une façon si nette et si vigoureuse, si elle a peur de la démocratie, en un mot, — de la démocratie, son ancienne et puissante alliée des grandes époques, — si elle s'obstine à s'isoler et à faire cause commune avec les classes que la Révolution a dissoutes ou anéanties, elle sera emportée par l'invasion nouvelle, et de pacifique, féconde et conciliante qu'elle aurait pu être, la victoire fatale du prolétariat sera sanglante et désastreuse, parce qu'elle aura été plus longue à s'affirmer... pour tous... et plus contrariée dans son succès...

Il ne faut pas se faire illusion sur le prolétariat, en effet...

Si la démocratie est la puissance certaine de demain, si elle résume en elle toutes les forces de l'avenir, elle manque de base morale et de direction. C'est un faisceau de forces terribles et indiscutables, il est vrai, mais ces forces éparses, sans agrégation, sont plus individuelles que générales, et elles ne pourront atteindre leur but d'une manière absolue et ne devenir productives qu'en se réunissant sous une main ferme, intelligente, amie et habituée au gouvernement...

Or, un homme, quelque soit son génie, ne saurait suffire à cette tâche immense...

Il faut pour cela une force, une institution qui soit de tous les temps et qui n'appartienne à aucun pays, à aucune caste... Or, quelle force, quelle institution possède ces qualités au degré où la Papauté les a possédées !

Née de la révolution la plus formidable et la plus radicale que l'histoire ait pu enregistrer, ne pouvant subsister que dans la lutte et par la lutte, possédant des millions de sujets sur tous les points du globe, de toutes les races et de toutes les formes de gouvernements, elle les a dirigés longtemps avec une habileté profonde; voyant de haut les événements, elle ne s'étonnait de rien parce qu'elle connaît à fond la conscience humaine; patiente, — car la Papauté poursuit une œuvre séculaire et non pas l'œuvre courte et fiévreuse d'un homme qui passe, — elle était indifférente aux impopularités nécessaires; n'oubliant jamais, se souvenant de tout, elle ne laissait rien passer qu'elle ne vît, rien dont elle ne jugeât et ne pesât les conséquences discrètement et avec intelligence, rien dont elle ne sût faire tourner une partie au moins au bénéfice de sa cause...

Et si elle le veut, la Papauté peut redevenir cela...

En s'unissant à la Papauté, la démocratie n'abdique pas, elle se débarrasse de ses parasites, elle acquiert une alliée naturelle et surtout elle se complète; en s'unissant à la démocratie, Rome se débarrasse d'un monde fini depuis longtemps et dont l'action étroite la gêne et la paralyse; elle revient à ses vieilles traditions historiques dont le respect firent sa splendeur et assurèrent son triomphe...

Elle s'infuse aussi du sang nouveau dans les veines...

Et, pourquoi, puisque l'une et l'autre trouvent dans cette alliance leurs avantages réciproques et la certitude de leurs succès, pourquoi, dites-moi, comtesse, Rome et le prolétariat s'obstinent-ils non pas à se bouder mais à se haïr!...

Si je vous scandalise, tant pis, mais je vais vous en donner la raison...

Tant que la Papauté a dû lutter, — et sa lutte contre les rois a duré des siècles, — tant que la Papauté a dû lutter pour asseoir sa puissance et assurer son pouvoir, elle a cherché d'instinct dans les masses populaires, dans le peuple tyrannisé, pauvre, hors ban, un allié affamé comme elle; par le fait seul de son abaissement social et de son effacement politique absolu, le peuple s'imposait d'office à la Papauté comme un ami : ses intérêts créaient sa foi et ses attaches...

Le peuple s'allia à la Papauté parce qu'il la voyait sortant de ses rangs d'abord, favorisant ensuite son émancipation et renfermant dans des limites de plus en plus restreintes les pouvoirs féodaux... Il comprenait qu'en relevant d'un Grégoire VII, fils d'ouvrier, les couronnes des Carlovingiens et des Hohenstauffen, relevaient de lui-même...

Aussi, tous deux, le pape et le peuple, marchaient-ils à l'unisson et fièrement sur les sceptres et les diadèmes brisés, à la conquête et à l'établissement de leurs droits et vers la création de leurs privilèges.

Mais si la Papauté est une institution religieuse irréfragable, la Papauté comme puissance politique est sujette à bien des vicissitudes et à bien des faiblesses, et les faiblesses des papes ont été nombreuses...

Pour conserver les débris d'un pouvoir qu'ils sentaient chaque jour leur échapper de plus en plus, pour retenir sur leur tête une couronne dont les foudres du Vatican avaient brisé tous les fleurons, les rois et les empereurs élargirent leur cercle, reçurent leur vainqueur au milieu d'eux, le supplièrent d'ajouter, comme pour affirmer sa domination universelle, trois couronnes d'or à sa tiare de laine...

Et les papes, en reportant avec une feinte humilité la gloire de ce triomphe à Dieu, acceptèrent avec empressement ce triple symbole d'un pouvoir qu'ils allaient perdre petit à petit au point de vue social et politique et qui bientôt devait être rejeté même au point de vue religieux.

Les rois, — et la suite de l'histoire le prouve, — ne pardonnèrent jamais leurs défaites à la Papauté, et les peuples abandonnés et presque trahis par les papes, n'ont pas oublié encore, que Rome dans une heure d'aveuglement, préféra un jour une puissance nominale à un empire universel et réel et ils se disent tout haut aujourd'hui et peut-être avec raison, que s'ils sont restés stationnaires et victimes, c'est à l'alliance monstrueuse de la Papauté à la royauté, qu'ils le doivent...

Et, voilà, comtesse, une des raisons pour lesquelles Rome se trouve isolée entre deux forces inégales, il est vrai, mais puissantes encore, qui la détestent profondément et également : les rois et les peuples...

Nous verrons plus tard les autres causes de l'isolement volontaire où la Papauté a voulu se réduire elle-même...

IX

Vous voyez bien, n'est-ce pas, tout ce que Rome a perdu et pourquoi elle l'a perdu?

Vous voyez toute l'influence qui lui a été enlevée?

Et, pour toutes les concessions qu'elle a faites, la compensation même — compensation dérisoire que ses alliés royaux lui avaient donnée dans une souveraineté temporelle, — a même disparue : hier, cette souveraineté lui était arrachée lambeau par lambeau. Et, c'était logique...

Le domaine temporel de Rome, sa royauté politique ont subi le sort de tout ce qui est temporel et politique : une force agrège des provinces sous un prétexte quelconque et en fait des États, une force nouvelle sous un autre prétexte, désagrège les États et en fait des royaumes...

Le canon défait ce que le canon avait fait...

X

La politique maladroite des papes a même compromis les intérêts généraux de la catholicité, et les haines qu'elle a soulevées comme puissance temporelle ont rejailli sur sa puissance spirituelle ; c'est là un fait que l'on ne saurait révoquer en doute.

XI

Vous souvenez-vous de l'allée des roses, comtesse, et de cette soirée toute pleine de parfums et de rêves, où vous me contiez avec un poétique enthousiasme toutes vos espérances au sujet du triomphe complet et prochain de la Papauté : Pie IX l'avait dit, et toute parole de Pie IX était pour vous comme une prédiction dont l'accomplissement ne pouvait même subir un retard...

A cette époque, bien que fort en rapport avec la cour romaine, vous étiez loin certainement de prévoir les relations que l'élection d'un nouveau pape allait vous créer et l'influence qu'elle devait vous donner bientôt...

Les statues de marbre de votre féerique villa semblaient sourire à vos assertions passionnées en faveur de la Papauté; ce soir-là vous touchiez d'un doigt assuré le trône raffermi à jamais des souverains de la Catholicité; il n'y avait pour vous plus une objection possible à cette victoire; un mot traduisant vaguement même la plus bénigme des oppositions, était pour vous comme une révolte et comme un blasphème... Ce soir-là, au milieu de cette nature splendide, sous ce ciel étoilé, en face de ce lac frémissant, vous voyiez les faits merveilleux qui allaient s'accomplir, vous entendiez les *Te Deum* des peuples et des rois; il y avait dans votre joie de ce délire religieux qui jadis animait les belles et mystérieuses sybilles de l'antiquité...

Sans partager complètement votre enthousiasme, je subissais, ce soir-là malgré moi, le charme enivrant de votre dithyrambe, car, vous ne parliez pas, comtesse, vous chantiez... Et, votre chant splendide, entraînant, passionné, mystique, prédisait à la Papauté des jours plus formidables encore que le règne des Grégoire et plus merveilleux que celui des Léon...

Souvent, comtesse, nous avons revu depuis les bords du lac de Côme; souvent depuis, nous avons respiré de nouveau le parfum de ses rives embaumées; depuis, nous avons contemplé souvent les ravissants couchers du soleil italien sur les montagnes, et nous avons admiré souvent ses mourantes clartés, alors qu'elles venaient une dernière fois se mirer dans les flots... Dites..., et que sont devenues les prédictions de Pie IX? . . . .

. . . .

Il faut cependant vous rendre une justice : malgré les nuages qui assombrissent l'horizon religieux ou plutôt l'horizon pontifical, vous ne désespérez pas encore. Vous êtes Romaine et vous avez la foi robuste...

— « Patience, me disiez-vous naguère, le mouvement catholique s'accentue et on ne peut nier que les nombreuses sympathies qui sont restées fidèles à la Papauté, s'affirment plus hautement que jamais et que chaque jour elles vont engendrant des affections nouvelles et comme des enthousiasmes nouveaux pour le glorieux et illustre vaincu du Vatican... »

Est-ce bien vrai cela, comtesse?...

Le mouvement catholique!...

Ce qui manque au catholicisme, comtesse, ce n'est pas le don des larmes, — il le possède à l'excès, — ce ne sont pas les affirmations bruyantes de son triomphe de demain, — toujours de demain, — ce ne sont pas les conspirations de sacristie et les tiers-ordres enfiévrés..., ce qui manque au catholicisme actuel, c'est la virilité...

Un être viril oublie les défaites qu'il a méritées ou subies; il se prépare froidement à une lutte nouvelle; il apprête ses armes; il étudie le terrain et compte ses alliés... Seuls, les bataillons ivres ou affolés hurlent en allant au combat...

Or, pourquoi le clan pontifical est-il si bruyant avant même d'avoir brûlé une première cartouche?...

Le mouvement catholique!... Eh! bien, voyons ce qu'il est, ce mouvement catholique...

Dans les esprits, je ne constate aucun mouvement catholique en avant; je constate, au contraire, un progrès croissant d'indépendance morale et de scepticisme, dans toutes les classes de la société, non seulement en France, mais partout en Europe. Les protestations de la Papauté contre les persécutions habiles, polies et raffinées des gouvernements contre la religion et le clergé, laissent au lendemain même de l'exécution des mesures les plus vexatoires et les plus arbitraires, tout le monde à peu près indifférent... Est-ce vrai cela?...

Un député catholique crie, on le laisse crier; un journal ultramontain fulmine, on le laisse fulminer; mais pour le peuple, pour la bourgeoisie même, ce qui eût été, il y a quelques années, une occasion d'agitations dangereuses, passe aujourd'hui aussi inaperçu qu'un fait divers...

Les prêtres de loin en loin croient bien devoir prendre parfois les airs graves de gens qu'on martyrise; mais cela ne trouvant pas d'écho, dure peu, et eux-mêmes, fatigués de ce rôle qui sent l'anachronisme et le contre-sens, se hâtent de laisser reparaître le sourire, sur leurs faces fleuries, pieuses et épanouies...

C'est que, voyez-vous, comtesse, le clergé amolli par le bien-être et l'oisiveté, ne croit plus en sa mission primordiale; il a horreur des batailles, et ses mains délicates se refusent à toucher ce glaive que le Christ est venu apporter et qui durant tant de siècles resta toujours sanglant hors de la gaîne, pour la défense du droit, des peuples et des croyances : le clergé préfère aujourd'hui le fin lin des Pharisiens de l'ancienne loi à la robe de bure des premiers prêtres chrétiens. Il aime mieux accepter les sarcasmes et les railleries des puissants dont il se fait des patrons par sa béate patience, que solliciter l'amitié du plébéien et du journalier : sous la table d'Hérode, voyez-vous, il y a toujours à glaner les débris d'un festin; dans la mansarde de l'ouvrier ou de la veuve il n'y a que des larmes à sécher et des misères à soulager et de la vermine à gagner...

Le prêtre fuit tout cela...

Le mouvement catholique dont vous parlez non seulement n'existe pas dans la société civile, mais même il est impossible d'en trouver une trace dans le clergé.

Peut-être en parlant de mouvement catholique, avez-vous voulu faire allusion à ces agitations religieuses, à ces manifestations pieuses, qui, jusqu'ici ont été aussi vagues que bruyantes et stériles?...

Permettez-moi de dire un mot à ce sujet. Je serai aussi sobre de réflexions et d'appréciations qu'exact dans le rapport des faits...

On a parlé beaucoup des conversions nombreuses qui s'opéraient en Angleterre; on est allé jusqu'à dire même que le mouvement papiste ou romain gagnait rapidement la plupart des classes de la Grande-Bretagne.

On citait sans cesse le nom du Dr Pusey et on mettait constamment en avant l'École d'Oxford: la reine elle-même semble pencher du côté de Rome, disait-on; la mort du prince Albert l'a vivement frappée...

L'esprit sollicité ailleurs par quelque nouveauté, l'enthousiasme tombé, par conséquent, on constatait que ce prétendu grand mouvement se bornait simplement à la conversion au catholicisme des docteurs Newmann et Manning et d'un sous-shérif quelconque, et que le seul gage que les Puseystes eussent donné de leur sympathie à la Papauté, était l'introduction dans leurs temples de quelques statuettes de la Vierge, mais que pour le reste, ils n'avaient pas varié d'un iota dans leurs croyances et leur culte.

Ces Guillaumes les Conquérants n'avaient certainement pas là de quoi chanter victoire avec tant d'éclat et tant d'assurance...

En Arménie que s'est-il passé? Ceux qui étaient schismatiques sont restés schismatiques, et les catholiques sont restés catholiques. Pour consacrer ce haut succès, le souverain Pontife donnait la pourpre cardinalice à Mgr Hassoun... Trouvez-vous le mouvement très accentué en Arménie, comtesse?

En revanche Rome perd chaque jour du terrain, en Pologne et en Russie, en dépit des conférences, des échanges de décorations et de lettres autographes, en dépit de tous les envois à jets continus de tous les Robinsky et de tous les Asinoffs... Mais on se tait et l'on fait bien...

Là encore, Rome porte la peine de la leçon qu'elle infligea aux Polonais révoltés pour défendre et sauver leur patrie et leur foi...

En Allemagne, les évêques incarcérés se promènent encore sur les bords du Rhin, en attendant leur repatriement... et voilà tout... Les Prussiens sont toujours protestants, et l'existence même du catholicisme officiel en Bavière, — dans la catholique Bavière, — la patrie de d'Allioli, — est menacée par l'entrée aux chambres de l'élément libéral.

Jusqu'ici, vous le voyez, la Papauté a peu de succès à enregistrer. Et, que serait-ce si Rome voulait ramener à une vie plus sacerdotale et plus régulière, les clergés espagnol et américain du Sud?

Qu'adviendrait-il si le pape, au lieu de déplorer, comme Pie IX le fit quelque temps avant sa mort dans un discours célèbre, qu'adviendrait-il, si le pape au lieu de déplorer l'état d'ignorance et de libertinage, où croupit le clergé américain sudiste, s'avisait d'imposer les réformes salutaires qu'exige pourtant depuis si longtemps, un état de choses honteux?

Eh bien! Rome se tait. Elle n'ignore point ce qui se passe là-bas. Est-ce par sagesse qu'elle garde le silence? Non, c'est parce qu'elle prévoit que ses réformes ne seraient pas acceptées, et que sa colère ne provoquerait qu'un schisme brutal nouveau...

Dans l'Amérique du Nord, croyez-vous que les progrès ou plutôt que le mouvement catholique, — je me sers de votre expression, — soit bien grand?...

Supprimez dans ce grand empire les Irlandais, les Français et quelques Allemands émigrés, et dites-moi combien vous comptez de convertis ou d'adeptes dans la république Yankee?... On augmente le nombre des diocèses, je le sais... Cela fait croire à un progrès et à un succès croissants; mais le nombre des fidèles a-t-il augmenté? Demandez au bureau central de la Propagation de la foi, si chaque année, il n'est pas obligé de faire de nouveaux et toujours plus pressants appels à la générosité des catholiques d'Europe? Or, si Rome avait en réalité les succès qu'elle dit avoir en Amérique, ces pays riches et généreux, ne commenceraient-ils pas à soutenir eux-mêmes leurs coreligionnaires ?

Je ne parlerai pas de la France où règne l'indifférence, là, où ne domine pas le scepticisme...

Rappelez-vous, comtesse, que l'opulence et l'esprit mondain de la Papauté jetèrent aux XVe, XVIe et XVIIe siècles, le doute dans les esprits ; l'ignorance et la dépravation de son clergé transformèrent ce doute en négation et en hérésie, et la haine dont les peuples poursuivent aujourd'hui Rome, est le résultat et la conséquence de son âpreté au gain et de son indifférence des choses spirituelles...

Uniquement absorbée par les soucis du monde et les intérêts temporels, elle a laissé de côté les grandes lignes pour suivre des sentiers tortueux et ténébreux, où elle a compromis la liberté de l'intelligence humaine ; elle a transformé la religion en pratiques extérieures : l'amulette a remplacé la foi...

Le mouvement catholique !...

Vous venez de voir que le mouvement catholique n'existait point dans les esprits, voyons s'il existe au moins en apparence dans les faits...

Rome a voulu donner le change au sujet de l'indifférence ou de l'hostilité générales et elle a accueilli avec une joie profonde et non dissimulée l'idée des pèlerinages : elle pensait établir ainsi un courant d'entraînement en sa faveur et réveiller des sympathies qu'elle ne croyait qu'endormies.

A peine conçue, l'idée fut soumise à sa sanction... Rome accepta avec transport le comité organisateur et bénit solennellement l'œuvre et le projet sauveur.

Quelques jours après on parcourait la France à prix réduits, en chantant des cantiques composés pour la circonstance; sous la direction de notabilités connues, on se rendait à tous les sanctuaires nouveaux; le corps ceint d'immenses chapelets, on affirmait que Dieu en personne allait intervenir dans les conflits politiques et les affaires, et que bientôt tout serait arrangé pour le mieux... Comment la Divinité ne se serait-elle pas rendue au reste, aux désirs des Bretons, des Basques et des Percherons qui la suppliaient dans leurs coiffures et leurs costumes nationaux?

Malheureusement le bon Dieu n'écouta pas ces prières et même quelque temps après, les décrets spoliateurs des ordres religieux étaient mis à exécution...

Le bon Dieu s'était peut-être aperçu du haut du ciel que le but de ces courses à travers champs, n'était rien moins que religieux, et que ces pèlerinages étaient bien plus dans l'intérêt d'un parti politique que pour l'avantage de son Eglise et la glorification de son nom... Il avait peut-être entendu aussi prêcher MM. Charette, de Mun et Baudry d'Asson, assis sur ses autels et le dos tourné à ses sanctuaires :... et l'immixtion de ces laïques dans les choses spirituelles lui avait déplu... Le bon Dieu n'aime pas que les civils mettent si facilement la main à l'encensoir...

Vous le savez, ce mouvement des pèlerinages fut l'œuvre des royalistes et il ne pouvait profiter qu'aux royalistes. Là encore, la Papauté toucha à gauche en affirmant trop naïvement, en cette affaire, son alliance volontaire ou irréfléchie avec un parti mort et dont les débris sont souverainement impopulaires en France...

Les pèlerinages organisés comme ils l'ont été, ne sont donc pas une preuve de l'existence d'un mouvement catholique...

Continuons notre examen et cherchons ailleurs.

La création récente des Universités libres est-elle une preuve de l'existence de ce mouvement?

Un mouvement ne peut réellement mériter ce nom qu'autant qu'il est commun, je ne dirai pas à un grand nombre d'hommes, mais au moins à un certain nombre d'individus...

Or, qui a coopéré à la fondation des Universités catholiques? Qui y enseigne? Qui les fréquente?...

Toujours quelques hommes du parti légitimiste...

Je trouve là en effet les mêmes noms que je pourrais citer, à l'occasion de l'organisation des pèlerinages. Ce sont les mêmes hommes, donc, il y a là encore, le même but et les agissements du même parti...

La création des Universités et leur existence, ne prouve nullement un mouvement intellectuel catholique, même restreint, mais bien la richesse du parti légitimiste. Elle prouve en outre que ce parti a le courage patient et qu'il sait faire des sacrifices sans se plaindre et sans hésiter, quand il croit le moment opportun.

Mais le catholicisme proprement dit, n'a rien à faire avec ces œuvres, pas plus que la suprématie universelle mais toute d'honneur que ce parti légitimiste reconnaît actuellement au pape, ne deviendrait réelle et effective, malgré ses protestations, si jamais ce parti revenait au pouvoir. . .

. . . .

Un jour, une École généreuse, jeune, puissante par la pensée et la foi, essaya de raviver l'idée catholique et de lui rendre la place d'où elle n'aurait jamais dû être chassée.

A la parole ardente et passionnée de ces nouveaux et brillants apôtres, les peuples prêtèrent l'oreille, écoutèrent, s'émurent et crurent entrendre une doctrine nouvelle... C'était pourtant la vieille, l'antique doctrine catholique et apostolique qui était annoncée et prêchée, mais la piété profonde et le génie des orateurs semblait l'avoir rajeunie... Et, déjà le scepticisme s'évanouissait, l'indifférence se transformait en une émotion vague mais mystérieuse et touchante; déjà, les peuples charmés par la vie nouvelle qui leur était présentée, par les horizons nouveaux qu'on leur découvrait, commençaient à croire et à s'attacher aux nouveaux disciples du Christ retrouvé...

Ce fut un mouvement catholique véritable celui-là, comtesse...

Les penseurs se voyaient démodés et dépassés; l'Université avec ses membres illustres se ralliait à la jeune École; la jeunesse écoutait en frémissant ces théories nouvelles et entraînantes; la bourgeoisie, — l'épaisse bourgeoisie elle-même, — commençait à secouer sa torpeur et à sortir de son idiote indifférence; la presse voltairienne et sceptique d'alors saluait avec un sympathique respect ces vaillants et brillants champions qui se multipliaient sur tous les points du catholicisme attaqué ou menacé; et les masses populaires, pleines de défiance la veille encore, contre tout ce qui touchait de près ou de loin au clergé, commençaient à acclamer sans réserve ces orateurs, ces écrivains si clairs, si lucides, qui parlaient si magnifiquement la langue populaire et les ramenaient presque malgré elles, à cette religion que nul encore n'avait su leur prêcher, et à cette Papauté dont les événements et l'indifférence avaient fait leur ennemie...

C'était une résurrection universelle de l'esprit catholique en France.

Seule, Rome ne partageait pas l'enthousiasme général; soupçonneuse, défiante, elle épiait dans l'ombre; elle suivait d'un œil inquiet et jaloux les progrès des jeunes apôtres, et un jour, dans une encyclique pleine d'équivoques et de restrictions louches et béates, elle enjoignit à ce groupe si populaire, si catholique et si zélé, d'avoir à cesser ses publications et de couper court à ses discours...

Ce fut un coup de foudre...

Lamennais, Montalembert, Lacordaire, Gerbet, Beautain, se séparèrent, et l'œuvre fut anéantie : une fois encore la Papauté venait de faire une blessure profonde au catholicisme, et cette blessure est encore saignante aux flancs mêmes de la religion.

Qu'importait à Rome une plaie nouvelle à l'Église et une nouvelle rupture avec la société moderne? Qu'importaient à Rome les conséquences de ce nouvel acte de mépris et de dédain pour l'intelligence humaine?

Ce qui importait à Rome, c'était d'anéantir ce mouvement trop puissant, quoique spiritualiste, qu'elle avait déjà baptisé lors de ses débuts, du nom de libéralisme... Ce qui importait à Rome, c'était la disparition de cette École brillante qui attirait l'attention du monde entier sur la Papauté et l'obligeait ainsi peut-être à faire un pas en avant et à sortir des ténèbres silencieuses où elle croupissait; ce qui importait à Rome, c'était la suppression de ces penseurs ardents, patriotiques et pleins de foi qui dans une heure d'enthousiasme avaient osé supplier le pape de se réconcilier avec les peuples qui revenaient à lui...

Oui, Rome a vaincu; l'École libérale est morte; nous jouissons aujourd'hui du triomphe de Rome... Il est beau, ce triomphe, n'est-ce pas, comtesse....

Et en échange de ce qu'elle a tué froidement et de ce qu'elle nous a enlevé, qu'a-t-elle créé et que nous a-t-elle donné?... Les histoires du P. Huguet, les livres mystiques de Rossignoli et l'alliance de don Carlos...

Pour moi, je préférais, comtesse, Gerbet et Montalembert à Maurel et l'affection des peuples reconquis à l'amitié du grand duc de Toscane...

Mais patience! si l'École libérale est morte, ses doctrines ne sont pas enterrées, et les continuateurs muets encore de cette grande œuvre de régénération sociale et chrétienne, ne sont pas loin qui méditent, étudient et se préparent auprès des tombes toujours ouvertes des vaincus de 1832. Bientôt ils paraîtront, et ce ne sera pas une encyclique à double entente qui leur fermera la bouche, ils ne se tairont point devant les colères séniles de Rome, ils parleront jusqu'au moment où les peuples auront prononcé entre le christianisme et la Rome pontificale...

XII

Le clergé aujourd'hui est complètement effacé et absolument impuissant. Pour moi, je considère cette impuissance et cet effacement comme un malheur pour la société. Mais cet effacement est fatal en partie.

Suivant naturellement la fortune de Rome, le clergé est toujours ce que la situation de Rome dans le monde le fait. Si Rome est puissante, le clergé est puissant; si Rome est tenue à l'écart, le clergé est tenu à l'écart.

Or, Rome actuellement étant à peu près sans influence, le clergé est sans influence aussi.

La connexion de Rome et du clergé étant absolue, fait que le clergé suit toujours, je le répète, la fortune de Rome, qu'il le veuille ou non.

Cette cause de l'effacement présent du clergé

étant indépendante de sa volonté et même de ses efforts, on ne saurait donc le lui reprocher d'une manière absolue.

Mais il est une autre cause d'impuissance bien volontaire et dont il doit assumer toute la responsabilité et tout l'odieux...

Cette cause d'impuissance et d'effacement résulte de son infériorité intellectuelle et morale : cela est bien personnel et bien volontaire...

J'ai dit le gros mot, comtesse, et je vais tâcher de justifier mon assertion en la prouvant...

Écoutez-moi sans trop froncer le sourcil...

Si j'avais été seul à constater cette double infériorité, je me serais peut-être tu ; mais le Souverain-Pontife lui-même a cru devoir à ce sujet, élever la voix et faire entendre les plus sérieux et les plus graves avertissements et donner les avis les plus austères...

Pourquoi les papes qui ont précédé Léon XIII sur le siège pontifical, ont-ils gardé le silence !...

Voilà encore une de ces fautes que l'histoire et le christianisme sont en droit de reprocher à la Papauté et qu'ils ont le devoir d'enregistrer à côté d'innombrables autres fautes...

Le clergé reconnaît si bien son impuissance et son manque d'influence aujourd'hui sur la société actuelle, qu'il n'essaie même pas de soutenir et encore moins d'entreprendre la lutte : il décline le combat sur toute la ligne; il accepte de perdre le terrain avec une tranquillité d'âme désespérante.

Ces défaites sans bataille préalable, ne sont-elles pas l'aveu absolu d'une infériorité radicale!...

Le clergé se croira une force relative, — et cela lui suffit, — tel est son aveuglement, — jusqu'au jour où on lui enlèvera même le bénéfice de la loi commune, et l'on y arrive; écoutez en effet ce qui se dit dans toutes les Chambres, et voyez ce qui s'est passé naguère dans ce pays du Mexique, si catholique pourtant!..... Je ne parle pas de la France...

La cause de l'impuissance du clergé, je le répète, est la conséquence de son infériorité intellectuelle et morale, et la cause de cette infériorité se trouve dans la manière dont le clergé est formé et dans le mode de son recrutement...

Par les concordats religieux que Rome a consentis avec les gouvernements civils, en apparence pour assurer la sécurité et le bien de l'Eglise, mais en réalité pour se rallier ces mêmes gouvernements, Rome a porté un coup mortel à son clergé; elle l'a fait ce qu'il est, mal recruté et plus mal formé encore...

Les faveurs concordataires : l'exemption du service militaire, les traitements, les privilèges ont attiré dans l'Eglise une foule de sujets qui, dans d'autres circonstances, n'auraient été rien moins qu'appelés. Ces faveurs concordataires ont retenu ces sujets dans l'Eglise, en développant en eux une ambition sournoise et hypocrite dont ils n'auraient pu trouver la satisfaction dans aucune autre situation sociale.

Et le clergé n'ignore point cela; il le sait, il se répète à lui-même, en famille, mais à voix basse et à huis-clos...

Et Rome aussi sait cela, et elle le tolère; car, il lui faut la paix: avec un clergé semblable, il est évident que ses encycliques ne seront jamais discutées et il est évident que les dévotions nouvelles passeront sans coup férir, ainsi que sa politique...

De leur côté, les gouvernements n'ont pas à se plaindre: ils n'ont à craindre aucune opposition sérieuse de notre part; ils nous tiennent à la portion congrue et ils peuvent, quand ils le voudront, nous prendre par la faim...

L'Eglise languit, le bien des fidèles souffre de cet état anormal de choses, mais qu'importe?...

. . . .

Avec le régime actuel, d'où sort le prêtre et comment est-il formé?...

Une classe de la société fournit à peu près seule le clergé: la population des campagnes...

La noblesse elle, préfère les armes ou l'oisiveté; phtysic-jockey-club, voilà son idéal; la bourgeoisie suppure l'agio et la banque; elle suinte les grandes industries, c'est là son seul côté moral; le peuple, l'ouvrier, par tradition et par éducation, — et il est payé pour cela, — se tient à l'écart du monde religieux...

Le paysan, lui, voit dans le sacerdoce une carrière paisible, honorable et suffisamment rétribuée... Ses goûts sont plus simples...

Dans sa nombreuse famille, a-t-il un fils, silencieux, un peu froid et moins vigoureux que ses frères, de celui-là il aspire de suite à faire un curé, c'est l'expression... Si l'enfant hésite: « Eh! que feras-tu? » dit le père... L'enfant se souvient qu'il est faible, il se rappelle que le travail des champs est bien pénible... Il ne peut pas être notaire, il faut trop d'argent; militaire... les épais mensonges de ses grands frères qui ont assisté aux grandes manœuvres, lui ont inspiré une horreur profonde pour l'uniforme et le drapeau; dans ses rêveries solitaires, il revoit officier monsieur le curé avec sa belle aube brodée et sa belle chasuble d'or qui resplendit au milieu des nuages d'encens... Il se répète ce que le vieux prêtre disait naguère en chaire : « Servir Dieu, c'est régner »... D'autres belles choses semblables lui reviennent encore à l'esprit... Puis,... dernièrement n'a-t-il pas vu déjeûner M. le vicaire?... Il y avait devant lui les débris d'une oie, de la belle viande froide, du pâté de la ville, des confitures du château... Le pauvre enfant a treize

BIBLIOTHÈQUE NATIONALE R.F.

ans, il est faible, son estomac peu garni, de plus le pauvre petit paysan ne veut pas déplaire à son père... Sa vocation est décidée, il sera curé...

Le vicaire, un ancien serrurier de village, — gros gaillard, au rire large et bruyant, — lui enseigne le latin, qu'il sait aussi bien que son prédécesseur, une autre illustration; il achève de ferrer l'enfant sur l'orthographe qu'il possède — le gros homme, — comme les blanchisseuses de la ville voisine...

Deux années se sont écoulées et l'aspirant lévite entre en humanités au petit séminaire du diocèse. Il est d'emblée le dernier, — et pourtant ses nouveaux condisciples n'ont rien de commun avec le P. Porée et Coffin... Il est le dernier, il restera le dernier, mais il est si sage, ce petit jeune homme; il porte les cheveux d'une façon si virginale, que le supérieur, — un ancien chantre de la cathédrale, — l'encourage vivement dans son projet de tâter au grand séminaire.

Il tâte du grand séminaire... Pendant deux ans, le petit saint braît des syllogismes; il rumine les règles de la scolastique... Le petit saint aborde enfin la théologie, la science sacrée, la science par excellence, la science de Dieu...

Aussi intelligent que ses camarades, aussi pieux qu'eux, coiffé comme eux, chaussé comme eux, il reçoit enfin le sacerdoce...

En quatre ans le nouveau prêtre a parcouru

quatre volumes et il s'est confessé deux fois par semaine... Il est formé... toutes les routes lui sont ouvertes ; les consciences — ce lieu plein de ténèbres, de mensonges et de mystères, — les consciences, il va y descendre demain, ce soir peut-être... Déjà il se trouve aux prises avec l'incrédule ; le voilà en rapport avec l'âme ardente, multiple et énigmatique de la femme. La société se présente et s'impose à lui avec son cortège de duplicités, de séductions, de haines, de douleurs et de passions...

Un jour bientôt, dans le silence de son presbytère de campagne, au fond de sa chambre froide et solitaire, il se dira que déjà il touche à l'automne de la vie et il constatera qu'il n'a vu se réaliser encore aucun des rêves, aucune des espérances dont on l'avait bercé : il a lu et relu en vain le P. Saint-Jure, Rodriguez et ses quatre éternels volumes de théologie, il s'est couvert de scapulaires, et les problèmes qui bouleversent son âme, son cœur et son esprit, deviennent pour lui de plus en plus insolubles et sombres... Il a vu la société passer indifférente ou railleuse devant lui et il s'est demandé avec désespoir, à qui et à quoi a servi le sacrifice mystérieux et absolu de sa vie...

Je m'arrête ici, comtesse, je craindrais de me souvenir à mon tour et d'assombrir aussi par trop, cette dernière partie de mon tableau...

. . . .

Si les choses se fussent passées comme elles auraient dû se passer, c'est-à-dire, si les évêques et les souverains pontifes au lieu de se laisser absorber par des sollicitudes toute étrangères à leur mission, et par des préoccupations peu sacerdotales, se fussent occupés de la réforme d'eux-mêmes d'abord, de celle du clergé ensuite, s'ils se fussent occupés du mode de recrutement du prêtre, de sa formation, de ses études et de sa vie intime, nous n'aurions pas aujourd'hui un clergé atteint d'impuissance et frappé comme il l'est, d'infériorité et de stérilité. Or, c'est cette impuissante et cette infériorité contre lesquelles il ne peut réagir, qui lorsqu'il les constate, jettent souvent certains prêtres dans ce découragement, dans cet amour du bien-être et cette indifférence qu'on leur reproche... Mais qu'importe cela à Rome?

. . . .

Puisque je m'occupe actuellement du clergé et du rôle qu'il joue dans la société, veuillez m'écouter encore...

— « Il faut, disent les amis des prêtres, bien du dévouement quand même pour embrasser la vie sacerdotale... Quelles satisfactions réelles le prêtre a-t-il?... Et puis cette position de bien-être apparent est-elle excessive? Neuf cents francs d'appointements! »

Je réponds, comtesse...

Tout en ce monde est relatif... Sans doute avant 1789 le clergé était plus sérieusement renté qu'il ne l'est aujourd'hui; car au lieu d'émarger au budget de l'État pour 40,000,000 de francs, il jouissait d'un revenu annuel de 200,000,000 de francs, c'est-à-dire le huitième du revenu net de la France. A ce revenu s'ajoutaient encore 65,000,000 de francs provenant d'autres sources. Ces chiffres ne sont point fantaisistes [1], croyez-le bien.

Et encore ne parlé-je ici que du clergé français : je ne dis rien des clergés espagnol et allemand.

Je vous le répète : en ce monde tout est relatif, retenez bien cela... Où se recrutait alors en effet le clergé? Dans ce que l'on est convenu d'appeler les rangs de la haute société. Un cadet de famille, un jeune noble impropre au métier des armes, au service du roi, étaient naturellement et de toute nécessité destinés à embrasser l'état ecclésiastique; ils rejoignaient là un oncle, un parent aux prébendes et aux charges duquel ils succédaient un jour le plus naturellement du monde sans avoir pour cela cure ni souci des âmes. Les abbayes, les monastères, les canonicats se transmettaient alors dans la noblesse d'oncle à neveu, ou se donnaient par une Pompadour à un Bernis, par une Dubarri à un porte-coton, comme aujourd'hui se transmettent un fonds

[1] Dr Gams.

d'épicerie ou un attelage de bœufs dans le monde du travail. Or, le cadet de famille ou le jeune noble apportait dans la vie nouvelle où le jetaient les exigences de l'époque ou l'ambition paternelle, il apportait, dis-je, les goûts qui lui étaient naturels, des besoins pressants de large et joyeuse existence, l'amour du luxe, une prodigalité sans bornes, des relations et un passé opulent... Il avait été élevé ainsi et il continuait à vivre comme il avait été élevé... La vie qu'il trouvait dans la carrière sacerdotale ne l'étonnait en rien : il avait changé seulement de milieu et de costume... En désirant et en obtenant les charges ecclésiastiques, le noble ne désirait pas une fortune nouvelle, il poursuivait la sienne et celle de sa famille.

Un Rohan dont l'évêché rapportait 400,000 livres, un Guéméné qui, bon ou mal an, se faisait à Cambrai 200,000 livres et à Saint-Germain-des-Prés 300,000 ne trouvaient à ces bénéfices rien d'exagéré. N'étaient-ils pas alliés aux branches royales d'Écosse, de Navarre et de Bretagne, et leurs familles n'étaient-elles pas riches à millions?

Sans doute, il y a loin de ces revenus aux revenus modestes dont jouit actuellement le clergé...

Mais veuillez, je vous prie, vous rappeler l'origine de la plupart des prêtres et de la plupart de nos évêques d'aujourd'hui... et dites-moi si il n'y a pas autant d'ambition de la part de l'abbé Chapolard, fils du mercier Paphnuce Chapolard, à désirer 20,000 francs de traitement comme évêque de Mirepoix qu'à Talleyrand-Périgord à souhaiter une abbaye de 100,000 francs?

Et quand je parle de 15 ou 20,000 francs que rapporte un évêché, je parle du traitement légal seul et non point de la somme autrement ronde à laquelle s'élève ordinairement le chiffre d'une mense épiscopale.

Vous le voyez, comtesse, tout est donc relatif, et vous voyez aussi pourquoi il y a autant et sinon plus d'ambition de la part d'un paysan à solliciter une cure qu'il n'y avait autrefois de l'ambition de la part d'un noble à désirer un évêché...

Il èst assez dans le genre et la manière du clergé de poser pour la victime et de jouer aux airs désolés : en cela il n'y a rien de sérieux, et avec un peu de réflexion on cesse bien vite d'être dupe d'un extérieur que rien ne justifie et de plaintes pieusement gazées que rien ne saurait expliquer....

Le prêtre n'a point de satisfactions, ajoute-t-on...

Cela est vite dit...

Et quelles satisfactions ont l'ouvrier, le petit employé de commerce ou d'administration, et le négociant lui-même? Soucis de famille, soucis de réussite, préoccupations pour le lendemain, inquiétudes incessantes, voici les accidents de toutes sortes qui agitent et tourmentent sans cesse l'homme qui vit dans le milieu actif et fiévreux où l'on est obligé de gagner ou de défendre son pain à la sueur de son front... Que le prêtre compare, lui, sa vie calme, son existence tranquille et assurée, son doux bien-être à ce qu'il a vu chez lui aux premières années de son enfance; qu'il compare, dis-je, son travail ecclésiastique aux labeurs de son père et de ses frères, ses veilles et ses angoisses aux angoisses dont il est parfois le témoin; qu'il compare ses nuits aux nuits douloureuses et tourmentées de l'homme dont la fortune ébranlée va disparaître...

On parle aussi du dévouement du prêtre!... Pour quelques natures exceptionnelles que j'ai rencontrées et admirées, pour quelques âmes d'élite qui honoraient le sacerdoce autant que le sacerdoce les honorait elles-mêmes, pour quelques cœurs pleins de tendresse et débordant d'infinie bonté, combien d'êtres vulgaires, desséchés, étroits et froids qui n'ont jamais pu comprendre tout ce que renfermait de mystérieux et saints devoirs le mot de saint Paul: le prêtre est un autre Christ!...

Le prêtre croupirait-il où il croupit si l'on eût sagement et intelligemment exalté en lui les nobles sentiments qui se trouvent au fond de toute âme humaine? Si au lieu de lui répéter niaisement au séminaire et dans toutes les retraites pastorales qu'il est docteur en Israël on eût fait de lui un docteur en Israël; si au lieu de lui inspirer l'horreur du monde et de lui faire fuir ainsi les luttes qu'il aurait dû accepter avec intrépidité, on lui eût montré la société sous son vrai jour; si on lui eût dit, — ce qui est vrai, — que sous son scepticisme moqueur, l'homme cache plus le désir et le besoin d'aller à Dieu et de découvrir la vérité éternelle qu'il n'a réellement de l'incrédulité; si on lui eût dit cela et bien d'autres choses encore, le prêtre aurait vu bien des obstacles s'aplanir devant lui, bien des questions aujourd'hui menaçantes se résoudre pacifiquement grâce à son intervention, bien des luttes cesser, bien des appétits funestes s'évanouir ou se calmer, et la plupart des âmes revenir à lui complètement ou s'incliner au moins avec un sympathique respect devant lui, comme devant l'expression la plus haute et la plus solennelle de cette puissance mystérieuse qui résume en elle l'éternelle justice et l'éternelle bonté!...

Mais pour cela, il aurait fallu s'occuper du prêtre et Rome n'en avait pas le loisir : elle a trop souvent à bénir des roses d'or pour les Pomarés catholiques et trop de palliums à envoyer aux Garguilles et aux Tabarins épiscopaux qui courent le monde...

XIII

Le prêtre est obligé de se faire lui-même, de se former lui-même à travers les mille obstacles que lui suscitent sans cesse sa propre nature, son inexpérience et le milieu dans lequel il vit. Voilà pourquoi son développement est presque toujours défectueux, voilà pourquoi il n'atteint que fort rarement le but complexe pour lequel il a été créé et sans lequel pourtant il perd sa raison d'être...

Se créer soi-même sans aucun secours, se former soi-même seul et sans l'aide de personne, est chose à peu près impossible, et pourtant c'est ce que le prêtre est obligé de faire...

L'évêque, lui, est assez occupé par les intrigues de son diocèse; il n'a que faire de ses prêtres... C'est à peine s'il connaît de nom des plus remarquables même d'entre eux...

XIV

Permettez-moi, comtesse, de répondre ici à ce que vous me disiez de Léon XIII, de ce pape que j'admire dans une large mesure et dont l'avènement au trône pontifical a été salué avec un enthousiasme réel et général...

« Une des plus grandes préoccupations du souverain pontife, m'écriviez-vous, est sans contredit l'instruction du clergé; sa sollicitude à ce sujet n'a pas de limites; c'est pour Sa Sainteté une question capitale. »

S'il est une chose que je comprenne, comtesse, c'est certainement celle-là. Il est grandement temps en effet que la Papauté s'occupe de cette question que les souverains pontifes se sont plu, je ne sais pourquoi, à négliger d'une façon complète...

Il est une école sacerdotale en France et un peu

partout, je crois, qui trouve parfaitement inutile la science chez le prêtre... « La piété suffit au prêtre avec quelques petites connaissances sérieuses, » disent d'une voix grave et assurée les partisans de cette manière de voir.

Ne vous récriez pas sur ce que j'avance, ne me taxez pas d'exagération, cette école, — je parle, vous le voyez, de ces niais convaincus et importants comme on parle d'une secte philosophique, — cette école existe, — et plus d'une fois pour la rémission de mes péchés, j'ai dû écouter les théories ineffables de ces sots : seuls, vous le savez au reste, de toutes les classes de la société moderne, nous avons le triste privilège d'élever béatement notre hypocrisie à la hauteur de notre ignorance et de notre fainéantise...

Et, le point de départ du raisonnement de ces messieurs de l'éteignoir, la justification de leur thèse, c'est le curé d'Ars qui les leur donne et les leur fournit... « Le curé d'Ars, disent-ils, était un saint et il était loin d'être un savant. »

S'ils eussent entendu Mgr Devie à ce sujet, il est probable qu'ils n'auraient pas longtemps conservé cette appréciation fantaisiste sur la science de M. Viannay.

Il y a en France, je le répète, une fraction considérable du clergé qui a horreur de la science, c'est la classe des pieux, la catégorie des saints... Ceux-là ont entendu avec terreur parler des projets de réforme que Léon XIII se propose d'apporter dans l'enseignement et de l'impulsion qu'il veut donner au mouvement intellectuel, scientifique et littéraire dans le clergé...

Le projet du pape est fort beau, mais quand l'exécution?...

Je crains bien, comtesse, que les terreurs de ceux dont je parle n'aient été hâtives et que les choses restent là où elles en sont, comme il arrive souvent des promesses bruyantes et des programmes trop prônés et trop parfaits avant d'être imposés...

Si je parle ainsi, c'est que voyez-vous nous avons singulièrement besoin d'une retouche dans la manière dont se donne l'enseignement dans le clergé... Un mot à ce sujet et bientôt vous aurez compris qu'après nos études dans les séminaires, il nous est bien difficile de dépasser certain niveau que j'ai de la peine à appeler intellectuel et scientifique... Vous ne tarderez pas non plus à voir les conséquences déplorables de cette ignorance à peu près générale...

Après quatre ans de théologie, je vous l'ai dit déjà, durant lesquels on ne s'est pas une seule fois occupé de connaissances modernes, ceux qui affirment avoir du goût et qui par conséquent s'imaginent posséder des aptitudes pour l'enseignement sont envoyés d'emblée comme professeurs dans un petit séminaire...

Je parle ici bien entendu exclusivement de l'enseignement donné par le clergé séculier dans nos petits séminaires...

Je me garderais bien d'assimiler l'enseignement des jésuites, dominicains et autres réguliers aux enseignements diocésains. Les succès constants des religieux démontrent assez la supériorité de leurs maisons d'éducation et de leurs méthodes sur les nôtres...

Au petit séminaire, le nouveau professeur, fort inexpérimenté au reste et peu instruit lui-même, trouve de grands garçons la plupart du temps, qui arrivent dans sa classe avec des études étrangement commencées et qui surtout ont hâte de rentrer au grand séminaire, car ils savent qu'ils ont atteint la limite d'âge fixée par la loi pour le service militaire. Ils voient derrière eux le gendarme, — un type bête, — il est vrai... mais c'est le gendarme...

En général, les volontés sont bonnes; mais les intelligences sont peu développées; rudes, épaisses, elles sont lentes; le travail manuel souvent a racorni la plupart des facultés de ce collégien-homme, dans ses premières années...

Le professeur qui possède peu son cours encore, — quand il le possède, — achève par les difficultés qu'il ne sait ni vaincre, ni expliquer, de rendre dur, ingrat et pénible le travail de ses élèves qui se découragent et le découragent insensiblement.

Les bribes de latin et de grec qu'il distribue à sa classe, il les a puisées dans une traduction juxtalinéaire, — un Sommer quelconque, — et les miettes d'histoire dont il enrichit leur mémoire, il les a recueillies dans un précis sans valeur aucune, comme la plupart des précis...

L'étude des sciences est nulle, et celle du français est inconnue dans un petit séminaire. J'ai vu de grands élèves de rhétorique, — très forts à la balle et aux barres, — qui n'avaient pas lu encore un vers de Boileau ni une ligne de Fénelon...

Les efforts du jeune professeur tendent exclusivement à faire connaître à ses élèves assez de latin, pour qu'ils puissent parler et comprendre un jour, la langue fabuleuse du grand séminaire...

Au bout de quelques années, le jeune professeur est fourbu ; naturellement nul jamais ne l'a encouragé, ni dirigé, ni conseillé, ni blâmé, ni applaudi ; et, ce qui a achevé de le mettre sur les dents, c'est qu'il a vu se succéder sans désemparer des générations de types tous identiques, tous le reflet décourageant les uns des autres par l'épaisseur intellectuelle, le dégoût des études, la hâte de se soustraire au service militaire, la peur du gendarme et le besoin d'être bientôt appelé : « Monsieur l'abbé », par le portier du grand séminaire...

Voilà la vie du jeune professeur de petit séminaire, et voilà d'une manière générale l'instruction qui se donne dans nos maisons d'éducation au point de vue de l'enseignement secondaire.

Aussi découragé, bien souvent quitte-t-il sa chaire ou plutôt sa sellette pour rentrer dans le ministère actif... L'évêque qui n'a jamais entendu parler de lui, qui ne l'a jamais vu à ses soirées du mercredi, qui ignore son existence absolument, lui fait attendre pendant trois ou quatre ans quelquefois, une satisfaction bien due à sa modeste demande, pour le nommer curé — au tour de faveur — d'une paroisse de 150 âmes à 1,200 mètres d'altitude, sur les limites de la Maurienne, en face du mont Iseran...

En quinze ans le pauvre prêtre a vu deux fois le vicaire général et une fois, le joli secrétaire de monseigneur l'evêque, qui lui a dit que monseigneur l'évêque avait dit à une personne qui le lui avait dit qu'il était un prêtre d'avenir!!!

Six mois après ces belles promesses, la poitrine affaiblie du prêtre d'avenir, achève de se détraquer sous le climat meurtrier que le joli secrétaire ne soupçonne même pas et force est au prêtre d'avenir d'aller terminer sa brillante carrière de prêtre d'avenir, au sein de sa pauvre famille de cultivateurs, avec une gratification de 200 francs, — une fois pour toutes, — que monseigneur l'évêque voudra bien lui allouer, — s'il la lui alloue, — malgré la dureté des temps, malgré sa pauvreté à lui et malgré surtout, malgré la misère toujours croissante de la Cour romaine et la pénurie désolante du Saint-Siège et l'incrédulité des temps, etc., etc., etc....

Ah! comtesse!...

Le vieux professeur de petit séminaire, lui, noie ses regrets d'avoir une position dérisoire et l'amertume de ses espérances déçues, dans quelques petits verres de vieux rhum — un rhum d'épicier, — et la fumée d'une antique pipe que le brigadier de gendarmerie lui apporta un jour, en revenant de la foire de Saint-Bel... Le brigadier est l'ami du vieux professeur ; c'est ce vieux maître ès-arts qui a élevé son fils, un rude garçon... Le brigadier et le vieux professeur font la partie ensemble; ils fument ensemble; ils boivent ensemble; ils espèrent ensemble et se complètent l'un par l'autre...

Le ton plaisant que je hasarde en ces lignes, comtesse, éveille en moi plus d'un triste et pénible souvenir... J'ai connu jadis un vénérable prêtre d'une science profonde, d'une intelligence rare, d'une érudition prodigieuse — et de plus un saint, — qui, après avoir enseigné pendant cinquante ans, reçut de l'évêque, comme récompense de ses labeurs et de toute une carrière consacrée à la jeunesse et à la science, — le titre de professeur honoraire de huitième!...

Il est vrai que la Grandeur en question nommait

le même jour, son aumônier, un bel abbé de vingt-six ans, — chanoine...

Après des actes d'odieuse imbécilité semblable, comment les évêques oseront-ils essayer de recruter sérieusement un corps enseignant digne et instruit? Et, croyez-vous que Rome ait jamais jeté les yeux sur ces abus révoltants, sur ce manque absolu d'organisation, d'administration, et sur ces violations flagrantes et si fréquentes du respect dû au maître, au prêtre et à l'élève?...

Et, vous croyez que plus que ses prédécesseurs, Léon XIII, s'occupera de l'instruction du clergé et de la réforme de l'enseignement chez nous?...

Ah! comtesse, vous connaissez peu Rome, ou plutôt vous n'en connaissez que le côté gracieux; vous ne la connaissez pas sous son vrai jour, et ce jour est sombre, terne et sinistre; mais moi, je l'ai bien revue, Rome, telle qu'elle est, en relisant les pages de son histoire et en me rappelant froidement ses origines, son but et ses actes...

Ecoutez bien, comtesse...

C'est parce que le catholicisme est heureusement indépendant de Rome que je parlerai, en toute liberté... Rome n'a jamais vécu pour le catholicisme, mais depuis bien des siècles elle vit du catholicisme. Elle bat monnaie avec les croyances...

Je relève ici une erreur volontaire que se transmettent et repètent dans leurs écrits et leurs discours, les amis intéressés de la Papauté ; ils disent que le Saint-Siège n'a jamais eu d'autre but que la diffusion du christianisme, dans tous les temps et dans tous les lieux... Ils disent cela, mais ils savent bien qu'ils mentent...

Le catholicisme s'est développé seul, sans aucun concours humain, comme se propagent les grandes, les fécondes, les puissantes idées qui répondent à un besoin réel de l'humanité. Il est des essors que l'on ne peut pas plus grandir qu'enrayer et l'idée chrétienne est de ceux-là. Son origine, son caractère rédempteur l'ont marquée d'un signe éclatant et lumineux qui l'ont fait acclamer tout à la fois, par le cœur et la pensée humaine : le philosophe, le désespéré, le criminel repentant, l'homme penché sur le sol par le travail, l'humanité tout entière, a poussé à cette apparition merveilleuse, une acclamation immense que répéteront les échos les plus lointains des dernières générations humaines ; car, l'humanité, comtesse, malgré ses défaillances, sait toujours reconnaître et bénir l'œuvre de Dieu et s'y rallier bientôt... Or, le christianisme est par excellence l'œuvre libératrice de la Divinité, et comme le testament suprême et définitif, par lequel elle a voulu, pour toujours, unir les peuples les uns aux autres et à elle-même, dans une commune tendresse et une commune espérance...

Or, dans cette manifestation immense, mystérieuse et tout intime de la pensée divine à l'intelligence et au cœur de l'homme, quel rôle, Rome — l'humaine Rome, — Rome, pouvait-elle jouer, dites-moi?

Aussi, laissant le catholicisme faire son chemin tout seul, la Papauté ne s'occupa que des avantages matériels et temporels qu'elle pouvait retirer de l'extension rapide et universelle de cette idée, dont elle a aujourd'hui l'orgueilleuse prétention d'être l'interprète et de cette révolution formidable et radicale qu'elle affirme avoir jadis gouvernée et dirigée...

Pendant trois ou quatre siècles, cependant, il faut le dire, et je l'avoue avec sincérité, la Papauté sembla être illuminée d'une clarté spéciale; elle garda au front comme un reflet rayonnant de la vision qui était apparue au monde ébloui; sa voix même fut quelque temps, comme l'écho adouci de la voix toute puissante, qui venait de se faire entendre à la terre... Mais bientôt, le rayon s'affaiblit; puis, il s'éteignit dans les ombres qui montaient et la voix mourut dans le silence d'un palais que les peuples commençaient à déserter...

. . . .

Pardonnez-moi, je vous prie, les lignes qui précèdent, mais elles sont en tout point, l'expression de ma pensée.

. . . .

Je reviens à la hâte à la question de l'instruction du clergé... Ses études littéraires terminées, — et quelles études, grand Dieu! — ses études littéraires terminées, l'aspirant ecclésiastique rentre au grand séminaire, où l'on s'empresse de le revêtir de la soutane... « Ce vêtement symbolique, — lui dit son directeur, un pieux Sulpicien, sec et à lunettes, — doit vous rappeler par sa couleur sombre, que vous allez mourir au monde... »

On coupe les cheveux au jeune Eliacin d'une manière aussi ridicule que possible, on lui apprend à baisser les yeux à tous les substantifs féminins; à être très grave, puis, quand il a pris au bout de huit jours de retraite, la tournure gauche et niaise, qui fait ressembler tout séminariste bien stylé, à un imbécile mal élevé, on le pousse un beau matin par les épaules en classe de théologie...

La théologie, comtesse!...

Lorsque cette colossale intelligence humaine, qui s'appelle Thomas-d'Aquin, entreprit de réunir en un code unique, les différentes branches de la science qui se rapporte à Dieu et qui traite de nôtre âme et de nos immortelles destinées; quand il eut consacré sa vie entière à cet effort puissant et à cette création, il entendit, dit la légende, une voix mystérieuse, qui lui murmurait ces mots : « Tu as bien parlé de moi, Thomas! » Et la postérité a répété: « Vous avez bien parlé de Dieu, ô Thomas; votre science et votre génie ont arrêté et fixé des vérités qui jusqu'à vous étaient restées flottantes, auxquelles on croyait sans doute, mais que le raisonnement humain n'avait pu établir et ne prouver que vaguement et indirectement »...

Et bien! lorsque au sortir de l'Ecole de Droit, j'entrai au séminaire, jeune, ardent et plein d'enthousiasme, je crus que ces livres puissants de l'aigle de la théologie, m'allaient être ouverts, afin que je pusse me prouver scientifiquement ma foi à moi-même, avant d'essayer de justifier la leur aux âmes qui plus tard me pourraient être confiées...

Or, pendant quatre longues et stériles années, nous en fûmes réduits à suivre les cours plus qu'étranges de deux anciens pauvres aumôniers de religieuses que l'on avait transformés en professeurs de cette science ardue et délicate, la théologie, de cette théologie qui pourtant fait le prêtre ce qu'il est plus tard dans la vie et qui, par notre enseignement, fait les chrétiens ce qu'ils sont plus tard dans leur existence...

Tant que je vivrai, je me souviendrai de mes professeurs, MM. les abbés Dusalon et Assuérus, de Lyon......

Et pourtant les deux pauvres hommes, faisaient-ils tout ce qu'ils pouvaient! Mais pouvaient-ils nous enseigner autre chose que ce qu'ils avaient appris; or, Saint-Thomas était du phénicien pour eux, aussi bien que les théologiens qui avaient commenté les écrits du grand et puissant docteur!...

Voilà pour la théologie, comtesse. Il en est de même pour le droit canon et l'histoire ecclésiastique. L'étude de l'Ecriture Sainte est aussi brillante... Nous restâmes, je m'en souviens, six mois à discuter et à élucider l'importante question de savoir si le bitume dont l'arche de Noé fut enduite, était du bitume réel et rappelant le bitume actuel ou non... Question grave, très grave, comme vous le voyez, et qui a un rapport étroit avec la morale humaine...

Mais si on néglige complètement au séminaire, la culture scientifique et le développement intellectuel du futur prêtre, en revanche on consacre des journées entières à l'étude approfondie des génuflexions, des prostrations, des airs pieux et de la pose des mains....

Et, si vous saviez, comtesse, combien, parmi ces jeunes gens à l'air niais, à la tournure bête par ordre supérieur, se trouvent parfois de nobles cœurs, de belles âmes et de vigoureuses intelligences?... Combien pleurent dans le silence de leur cellule, en rongeant un frein qu'ils ne pourront plus briser jamais, car d'accord avec l'Eglise, la société civile a reçu les vœux éternels de ces enfants!... Regrets et larmes inutiles, ils ont fait le pas!...

Rome, en ce qui la concerne, pourra bien résilier

le contrat qui la lie à ses prêtres; elle pourra bien ne leur rien tenir des promesses solennelles qu'elle leur a faites; elle pourra bien violer les uns après les autres, les engagements sacrés qu'elle disait prendre vis-à-vis de nous, peu importe! Le prêtre reste rivé jusqu'à son dernier soupir, à ce serment qu'il avait donné en échange des belles et merveilleuses choses qu'on lui avait promises; il reste rivé à cette chaîne, qui se raccourcit et chaque jour devient plus meurtrissante, au fur et à mesure que les événements se succèdent et que se précipite le cours de la vie... Le lien est pour le prêtre seul...

Il constatera l'absurdité de ses études, sa position fausse dans le monde, l'indifférence des évêques, l'arrogance et la cupidité de Rome; il comparera ce qu'il est, à ce qu'il pourrait être; ce qu'il fait à ce qu'il pourrait faire; il verra insulter ses croyances, il se verra honni lui-même, il devra se taire et toujours se taire... S'il parlait, s'il pleurait trop haut, Rome et la société elle-même, organisée comme elle l'est aujourd'hui, grâce à l'union de l'Eglise et de l'Etat, le condamneraient... Or, il a peur de Rome et de la société, l'une le frapperait et l'autre le repousserait...

Maintenant, comprenez-vous pourquoi le prêtre est aujourd'hui si indifférend à la plupart des choses et pourquoi un si grand nombre d'entre eux, n'ont d'autre but que de se rendre la vie facile au fond de leurs presbytères ?...

. . . .

Après les études tronquées qu'il a faites, le prêtre est d'une réserve en société, d'une timidité presqu'enfantine, et cela se comprend... N'ignore-t-il pas, — et il sait qu'il les ignore, — n'ignore-t-il pas, les trois quarts des questions que l'on peut agiter et que l'on soulève si facilement dans le monde? Et, en supposant que, tout privé qu'il soit de livres et de communications avec des gens intelligents et instruits, il veuille quand même s'occuper sérieusement d'acquérir des connaissances, cela lui serait-il avantageux? Non; car, ses confrères n'aiment point les savants, et les évêques se méfient des têtes pensantes... Or, n'a-t-il pas à redouter son évêque et à se tenir sans cesse en garde contre ses voisins?

. . . .

Quelles tempêtes s'accumulent dans certaines âmes sacerdotales depuis quelques années! Comme ce mouvement de révolte intime et latente, va s'étendant et se propageant dans les rangs de ce que l'épiscopat et le monde clérical appellent le bas clergé!...

Ces besoins de réformes et presque de vie commune, ne les éprouvons-nous pas tous en certaines heures, et lorsque l'abbé Lebeurier a lancé parmi nous, le projet de son œuvre, ne fut-il pas immédiatement compris et comme accepté tacitement par beaucoup de prêtres?... Les difficultés inhérentes à cette idée furent grandies et augmentées par l'épiscopat seul, qui vit dans cette union de certains membres du clergé, une fédération se proposant de restreindre l'omnipotence des évêques.

XV

La société est aujourd'hui tellement désorganisée, elle est tombée dans un gâtisme tel qu'elle ne s'aperçoit pas le moins du monde de ce qui se passe en elle-même...

Il se renouvelle pour elle, le phénomène étrange qui se produit chez presque tous les mourants. Lorsqu'un individu va s'éteindre, il s'opère souvent en lui une mystérieuse illusion, — l'illusion de la vie renaissante... Le même fait a lieu pour notre pauvre société...

Notre siècle a la mort aux dents ; sa peau se parchemine et prend des tons de vieille cire ; ses lèvres se retirent et bleuissent ; ses yeux ont peine à se mouvoir dans les glaires épaisses et gélatineuses qui les envahissent et qui débordent des paupières ; eh ! bien, il fait des projets, il rêve printemps, fleurs et idylles et madrigaux; il veut se couronner de roses... Sa tranquillité m'épouvante; sa gaîté me fait peur, son sourire me donne froid, il me semble que c'est une tête de mort qui baille... Et il sourit, lui, vieille bête...

Et toutes les classes de la société partagent ce délire suprême et idiot... « Ça va mieux », disent-elles... Il en est même qui disent : « mais ça va bien. » Vous reconnaissez-là, la bourgeoisie, l'anière bourgeoisie ; et Rome, elle soupire : « Jadis, ça allait mieux... »

Seule, la Révolution murmure du bout de ses dents longues et acérées : « Mais ça va très mal et je n'en veux plus de ça... » Et, déjà elle a mis carrément la main à la pâte... Et, nous la regardons faire tout paisibles et pas bouleversés du tout ; car, nos penseurs, nos Tirard, nos Gougeard, nos publicistes, nos Bonifaces, nos Mollard et nos Jocrisses, ont affirmé à l'unanimité que les efforts de la Révolution seraient vains, attendu que... attendu que... attendu que surtout on ne pouvait démolir qu'autant qu'on était sûr de réédifier..... et que pour réédifier, il fallait avoir des matériaux, et que la Révolution n'avait ni éléments, ni matériaux ; donc, ajoutent tout essouflés nos hommes d'Etat, — de vrais Titans, il est parfaitement inutile de nous tracasser outre mesure pour quelques petites agitations... Nous avons un brevet de longévité indéfinie, puisque après nous avoir détruits, les révolutionnaires ne sauraient quoi mettre à notre place... Donc, ne sachant quoi mettre à notre place, ils se garderont bien de nous détruire... Et ils pérorent ainsi des heures durant, sans points ni virgules, avec les gros yeux ronds du M. Mouton, d'Henri Murger...

Cela dit, les pintades parlementaires et bourgeoises, enfoncent leur menton gras et luisant dans les plis de leur blanche cravate et se remettent à glousser en chœur, une cantate à Coquelin, dans le cocu; et à battre des bravos à la Judic dans la fille de l'égoutier... Tout à fait régence notre siècle, n'est-ce pas, comtesse?... Ne trouvez-vous qu'il a de l'arôme?...

Ici, il faut le dire, Rome est la seule qui ait dénoncé au monde, ce qu'on appelle le danger social et ce que j'appelle moi : la régénération... Pourquoi faut-il qu'après ce coup d'œil profond et puissant qui lui a fait découvrir depuis si longtemps déjà, la marée montante du prolétariat, pourquoi faut-il que Rome ait annoncé comme un péril, cette invasion d'un monde nouveau et qu'elle s'obstine à envisager comme une catastrophe, le triomphe du droit populaire?...

Sa cause est-elle la même que celle du monde bourgeois si faible et si répugnant? Quelle connexion y a-t-il entre les intérêts de la Papauté et les intérêts de cette société illogique, niaisement transitoire au dernier soupir de laquelle nous assisterons demain?

Dans un mandement célèbre, Mgr Darboy, s'adressant au souverain Pontife, lui disait : « Cette société qui naît, étendez vers elle, votre main pour la bénir... »

La Papauté, au milieu des événements solennels qui se précipitent de toute part, a-t-elle autre chose à faire qu'à accompagner les funérailles de la bourgeoisie d'une dernière prière et d'accueillir les peuples par une bénédiction et un mot de réconciliation?...

Le fera-t-elle? Et pourquoi ne le ferait-elle pas?...

A quelle reconnaissance est-elle tenue vis-à-vis de ce monde qui s'en va?... que lui doit-elle?...

La chute de la bourgeoisie, au reste, n'est-elle pas aussi providentielle que la chute de l'ancienne société, et n'a-t-elle pas été amenée par les mêmes causes et les mêmes erreurs? L'une et l'autre, par leur seul contact, n'ont-elles pas compromis les intérêts religieux de leur époque, et n'ont-elles pas contribué par leur exemple contagieux et leurs théories pénétrantes à affadir le clergé de leur siècle et la Papauté elle-même?

Mais pour moi la question importante entre toutes, est celle-ci : la Papauté qui, la première, a entrevu la Révolution qui est à la veille de s'accomplir, et qui la première en a annoncé l'avènement, voudra-t-elle, consentira-t-elle à se rallier à ce mouvement des peuples en avant?...

Je crains bien que cette alliance ne se réalise jamais et que l'encyclique du 18 septembre 1832, ne soit le dernier mot du programme pontifical, et comme une nouvelle et dangereuse variante de l'éternel et désastreux *non-possumus!...*

Le pouvoir temporel qu'elle a possédé pendant plusieurs siècles, a aveuglé la Papauté et lui a fa[illegible] perdre sa voie véritable : le besoin de défendre et d'agrandir leur puissance a trop absorbé les papes au détriment même de la religion; il a rendu manifeste aussi ce qu'il y avait d'humain en eux... Souverains terrestres, ils ont vu dans tout progrès populaire une diminution de leurs droits et de leurs attributs, et comme une révolte, dans toute plainte ou toute demande de réforme... Aussi bien que les rois, ils ont oublié qu'un prince est un tuteur et non pas un maître, et qu'il faut favoriser le développement des peuples et non point entraver leur essor normal....

En politique, il est dangereux de s'arroger l'infaillibilité... Les ténèbres n'y sont point assez épaisses au reste pour que l'Esprit-Saint vienne perdre son temps à illuminer les cervelles des gouvernants...

. . . .

Tout progrès est une révolution, et quelleque soit

la classe à laquelle nous appartenions, nous sommes les fils d'un mouvement antérieur, odieux et illogique pour ceux qu'il a dépossédés, mais juste, régulier pour ceux qu'il a investis de droits et d'avantages...

L'invasion barbare et germanique n'est-elle pas l'origine de la noblesse?... et les dépouilles des Gaulois ne sont-elles pas les sources de sa fortune?... La bourgeoisie est-elle autre chose que la fille du Tiers-Etat, et les privilèges actuels dont elle jouit n'ont-ils pas été arrachés à la noblesse et au clergé par le mouvement de 1789?... Or, en vertu de quel principe, nous qui tenons tout de la Révolution et qui en légalisons les conséquences pour nous, nierions-nous les droits et la justice d'une Révolution qui s'opère contre nous?...

Par suite de quel raisonnement appellerions-nous, progrès régulier la Révolution dont nous bénéficions, applaudirions-nous à son souvenir et fêterions-nous ses anniversaires, quand nous nous révoltons à la seule idée d'un progrès et d'un mouvement nouveau qui pourraient compromettre une partie de nos privilèges en nous rejetant dans le droit commun?...

Sommes-nous logiques de nier la régularité des conséquences du principe que nous acclamons et dont nous vivons?

Que la bourgeoisie se refuse à comprendre cela

ou que réellement elle ne le comprenne point, cela ne m'étonne pas; depuis longtemps je connais monsieur Prudhomme. Mais que la Papauté, elle, dénonce avec horreur le mouvement social du prolétariat!... Voilà ce qui me surprend et me stupéfie!...

Et qu'a-t-elle à perdre, la Papauté, par la victoire de la démocratie sur le monde actuel?...

Ses privilèges, à elle... Les privilèges de son clergé?... Mais, de quels privilèges et de quels avantages jouissons-nous?... Craint-elle de voir disparaître d'influentes amitiés?... Mais, où sont nos amis, à cette heure, dans ce monde qui agonise et nous vomit?... A-t-elle peur pour la religion, la Papauté?... Mais n'est-elle pas habituée aux orages, et les peuples victorieux pourront-ils la poursuivre avec plus d'acharnement et de haine que le faisaient les rois et les empereurs hier encore?...

Pourquoi tremble-t-elle, la Papauté, en pensant au triomphe prochain et assuré des masses populaires?...

Rome, je crois le deviner, est moins épouvantée par le peuple lui-même que par les chefs actuels du peuple... Ce qu'elle redoute surtout pour le lendemain de la victoire populaire, ce n'est pas le peuple qui aura combattu, mais bien ceux qui auront commandé l'assaut et ceux auxquels le peuple aura obéi...

Et Rome n'a pas tort de craindre...

Les peuples, elle les connaît ; car, durant de longs siècles, les papes et les peuples ont combattu côte à côte sur bien des champs de bataille, dans un but commun et dans une commune pensée... Les peuples, elles les connaît, elle a vécu avec eux, et c'est des rangs plébéiens que sont sortis les pontifes les plus grands et les plus puissants par le génie... Les peuples, elles les connaît ; elle a bien des fois violemment protesté en leur faveur en face des rois... Les peuples, elle les connaît ; elle sait qu'ils conservent quand même, dans le fond de leur âme ardente mais droite, le souvenir de ce passé, de ce temps jadis, où la Papauté pauvre et secourable, était leur protectrice, leur consolation et toute leur espérance en ce monde... Les peuples, elle les connaît ; elle sait que rarement, même au milieu de leurs propres calamités, les peuples ne sont restés indifférends à ses larmes et à ses appels...

Mais aussi elle connaît les chefs actuels de la démocratie et leur haine et leurs projets, et elle les redoute, et elle les redoute avec raison...

A son tour, Rome porte aujourd'hui la peine de ses fautes et de ses erreurs volontaires... A son tour, elle subit les conséquences des actes qu'elle a posés autrefois ; à son tour elle se sent compromise par ses alliances passées, et elle se voit isolée par la défaite de ces forts d'un jour qu'elle croyait ses amis et qu'un souffle populaire a suffi pour renverser... Et, c'est justice!...

Quand Attila, à la tête de ses innombrables soldats et de ses nombreuses tribus, vint à la curée de l'empire romain..., le vieux monde pourri comprit bientôt qu'il en était fait de lui; il trembla, s'épouvanta et chercha à adoucir son vainqueur par de l'or et les actes répétés d'une révoltante soumission... Et, Attila ravageait les provinces, il détruisait les villes les plus opulentes les unes après les autres... Et, le fléau de Dieu mettait le siège devant Mantoue, lorsque Léon I sortit de cette cité et s'avança au-devant de lui...

Seul, au milieu de cette ville affolée, de cette société éperdue, le vieux pape ne tremblait pas...

Le grand homme savait, comtesse, que si nombreuses que soient les masses, elles ne sont redoutables que si elles obéissent à un mot d'ordre et qu'elles restent inoffensives et inactives si le chef cesse d'agir et de commander. . . . .

. . . .

Léon subjuguait le conquérant par son génie et le caractère mystérieux dont il était revêtu. Quelques jours plus tard, les barbares abandonnaient l'Italie...

Le pape dut le succès de sa mission à son indépendance seule : il ne parla à Attila ni de l'empereur, ni des impératrices, ni des patriciens, ni du sénat qui suaient la peur au fond de leurs palais; il ne fit point le politique, il fut prêtre et pasteur...

J'avoue qu'après toutes les compromissions qui l'ont liée à tant de princes, à tant de dynasties, à tant de souverains plus ou moins populaires, il est bien difficile à la Papauté de jouer actuellement un rôle uniquement sacerdotal et uniquement pastoral, et surtout de faire croire à ses vainqueurs à la sincérité de ce rôle *in extremis*...

Le peuple accepterait assez peut-être comme vraie cette conversion de la dernière heure; mais les chefs de la démocratie — faisant l'inverse d'Attila, — se laisseraient, je crois, peu prendre à cette rupture subite du pape, avec des traditions antiques et enracinées et à cette tendresse inopinée pour les triomphateurs...

Et n'auraient-ils pas raison? Ils sont Attila, mais devant eux, n'est plus Léon le Grand!...

Sans être perdue, — il y a tant de retours imprévus dans les choses de ce monde! — sans être perdue, la tentative de réconciliation que Rome pourrait essayer vis-à-vis du peuple, à moins de chances de réussite, je dois l'avouer, que la démarche de Léon I auprès des Barbares...

Et il faut pourtant que Rome en arrive là... N'est-ce pas à elle à présider aux origines et à la formation des sociétés? Or, ne sommes-nous pas à l'origine d'un monde nouveau?

Les esprits les moins perspicaces sentent qu'il y a dans l'air comme une vague et sourde agitation et comme un frémissement général. On veut bien parfois se faire illusion sur les bruits mystérieux que l'on entend, mais on ne le peut... Les rumeurs montent et s'accumulent; les revendications deviennent de plus en plus nettes, plus pressantes et plus positives... Sur les lèvres qui hier encore, suppliaient et demandaient d'une voix tremblante... la menace hautaine a remplacé la prière. Au regard timide des pâles visages que l'on rencontrait naguère, a succédé un regard plein de haine froide et d'implacable colère qui rendent profondément sinistres les faces amaigries.... La misère étale partout ses titres et son intransigeance; le haillon est presque une pourpre.... Et le conservateur s'éloigne tremblant, l'œil humble et baissé sous l'œil arrogant de l'homme en blouse qui passe... Les grèves s'étendent et les maîtres s'empressent de transiger; l'ouvrier s'organise dans le silence des ateliers qui chôment; il prépare ou étudie les plans ou les projets dont une main mystérieuse a glissé une copie auprès de ses instruments de travail... Et le patron feint de ne pas voir; car, il a peur... Et tout conspire pour irriter les passions populaires et hâter l'explosion de la colère des

8

masses, tout conspire, tout, jusqu'aux dérangements des saisons...

Que de fois, dans ma pauvre chambre, j'ai pensé au peuple et comme j'ai vu que parfois il devait souffrir quand même!... N'est-ce point lui, qui depuis des siècles, supporte, sans trève et sans merci, le poids du jour et de la chaleur? Les rois ne prennent-ils pas ses fils — son espoir, — pour défendre leurs palais et les propriétés des fortunés du siècle? Lui, qu'a-t-il à défendre? Sa mansarde?... La rue où on le jeta tout enfant?... La prison? où une loi monstrueuse lui fait expier sa misère et son abandon... Avec notre législation actuelle, le pauvre n'est-il pas un vagabond et le vagabond n'est-il pas un criminel?... Que défendra-t-il? qu'a-t-il à défendre, le prolétaire lui, à qui la société ne laisse pas même après sa mort une place isolée et distincte au cimetière!... Et après que le roi lui aura pris ses fils, le riche lui volera ses filles; l'un fait la misère du pauvre, et l'autre ajoute la honte à son indigence... Et contre cette honte, à qui en appellerat-il?...

Quelque soir, quand il s'éteindra de faim et de fatigue..., le soir où il mourra au coin d'une maison en démolition, au fond d'un quartier perdu, un agent ivre ou zélé traînera son cadavre à la lueur d'un réverbère, pour s'assurer si cet être inerte n'est point un va-nu-pieds saoûl et sans papiers...

Et, c'est cet ordre social qui fait de lui un paria, qui transforme sa misère en délit, sa vie en esclavage sans rachat, ou en crime, que le prolétaire est tenu de défendre, et c'est pour le maintien de cela qu'il est obligé de prendre les armes, alors que le fils du riche se tiendra paisible, gaillard et dodu, loin des balles, dans son salon ou à son comptoir!... Dérision!...

Et voilà pourtant, voilà la créature que Dieu anime d'une flamme divine et immortelle! Voilà celui dont le Christ fit son frère et son ami! Voilà celui dont il partagea la sainte misère! Voilà l'homme à la rédemption duquel il consacra ses larmes et son supplice!... Et, Rome, ose anathématiser au lieu de les bénir, les efforts puissants et séculaires que fait ce glorieux vaincu afin de reconquérir sa liberté et reprendre au soleil de Dieu la place d'où les hommes l'ont chassé!... Rome ose cela!...

. . . .

Et pourtant, le peuple est-il systématiquement hostile à la Papauté?... Est-ce lui qui jamais a expulsé les souverains pontifes de leurs Etats? Est-ce lui qui a mis la main sur leur domaine? Est-ce lui qui a chassé des écoles l'image du Christ? Et pourtant que de griefs réels dont le peuple serait en droit d'évoquer le souvenir contre la Papauté!

En voyant cet immense abandon où Rome laisse toutes choses languir, depuis son clergé jusqu'aux questions sociales les plus pressantes, je me demande si la vieillesse des papes n'a pas rejailli sur la Papauté elle-même!...

XVI

Ne dirait-on pas que toute la vitalité sénile qui survit dans Rome, s'est réfugiée dans ses bureaux et dans sa chancellerie?...

Pendant que le souverain pontife semble se boucher les oreilles et fermer les yeux pour ne rien entendre et ne rien voir de ce que l'on agite partout, il est tout oreilles et tout yeux pour ce qui se passe dans la Congrégation consistoriale, dans la Congrégation du Saint-Office, dans celle de l'Index, dans la Congrégation de l'interprétation du concile de Trente. « Qu'a fait la Congrégation des rites?... Qu'a dit celle de la propagande?... La Congrégation des immunités a-t-elle terminé la grave affaire qui lui était déférée?... La Congrégation des évêques et réguliers s'occupe-t-elle des difficultés qui ont surgi entre Nos Seigneurs Old Nick et Balthazar?...

8.

La Congrégation des Indulgences et Reliques a-t-elle constaté l'authenticité des reliques du bienheureux Bellérophon, et de combien de jours d'indulgences a-t-elle enrichi la prière que l'abbé Grassouillet a composée pour les jeunes filles qui... etc., etc.

Et des journées entières se passent à traiter sans rire, des questions semblables; et cinquante cardinaux président sans sourciller ces réunions étranges, et le pape discute, tiare en tête, les solutions ineffables qu'on lui communique à la suite de chaque séance... sur des sujets tout aussi sérieux !!!

Les empereurs romains de la décadence, eux aussi, ne saisissaient-ils pas leur sénat de la grave question de l'apprêt d'un turbot ou de la coupe de cheveux de leurs jolis chambellans, alors que leur empire tombait en loques et glissait dans la fiente?...

Au reste, il faut le dire, cette bureaucratie, ces Congrégations et toute cette chancellerie, Rome a raison de n'en pas faire fi tout à fait : tout cela est pour elle la source d'un beau revenu qui arrive à la caisse pontificale aussi discrètement que sûrement... Et cela seul fait passer bien facilement sur l'ennui de plus d'une séance...

Je me demande comtesse, le temps que consacrèrent à la congrégation des reliques, les papes Nicolas II, Grégoire VII, Innocent III, Boniface VIII, Alexandre III, Grégoire IX et Innocent IV? Ceux-là pourtant furent-ils de mauvais papes et manquèrent-ils de génie?...

Je m'arrêterai là, car je craindrais de soulever des questions sur lesquelles nous ne sommes pas tout à fait d'accord, je le sais, et qui plus d'une fois, ont failli nous diviser... pour un instant au moins,... mais en apparence...

XVII

Vous connaissez les bassins houilliers de cette partie du département de la Loire, qui s'étend de Saint-Etienne aux confins de la Haute-Loire?... Eh! bien, là, sur le versant inculte et gris d'une colline sombre dont le pied baignait dans les eaux sales et bourbeuses de la rivière, était construit un petit presbytère attenant à une vieille église...

Le prêtre et Dieu étaient presque aussi mal logés l'un que l'autre...

Le presbytère était bas, humide et triste.

L'Église lézardée faisait peine à voir à l'extérieur; mais grâce au prêtre, l'intérieur en était propre, presque frais et bien tenu. Les chapelles latérales et l'autel principal avaient même une certaine coquetterie; on voyait qu'un main intelligente et dévouée passait souvent par là...

Un homme fort intelligent dirigeait cette petite paroisse composée de quatre ou cinq hameaux habités par de pauvres mineurs.

L'abbé Vertot était heureux dans cet humble poste, bien que par ses connaissances réelles, sa supériorité et ses qualités intellectuelles et sacerdotales, il eût pu occuper une situation bien autrement importante...

Les débuts du ministère de l'abbé Vertot avaient été fort laborieux et pleins de difficultés; mais il n'avait pas tardé à gagner bien vite le cœur et l'esprit de son monde, par une charité pleine de tact et une bonté à toute épreuve. Les rudes habitants du pays avaient compris le mérite de leur curé, et les uns et les autres étaient fiers, — c'est le mot, — de n'avoir pas à la tête de leur paroisse, un de ces hommes vulgaires dont le clergé semble avoir le monopole et comme la propriété foncière exclusive...

Les offices étaient fréquentés; on allait même à vêpres, et le dimanche, dans l'après-midi, au lieu de s'abrutir dans un cabaret borgne et sale, la plupart des hommes et des jeunes gens du village se rendaient dans le jardin du presbytère où le curé avait organisé un jeu de boules...

Là, on riait en toute liberté, on parlait à son aise, et la soirée s'écoulait paisiblement à la grande satisfaction des ménagères, qui ne tremblaient plus comme autrefois au sujet de la paie, — je me sers du mot usité...

Dans la paroisse de Mions, habitait toute l'année, une riche famille dont on voyait l'opulente demeure au loin, dans la plaine...

La famille du Pommeau — un nom distingué, un joli nom de croisé — se composait du père, — une nullité vigoureuse et muette, dont l'acquiescement éternel à tous les désirs de sa femme, rappelait l'amen des quatre bêtes de l'Apocalypse, — de madame... — fort belle encore, altière, entière et dure, madame imposait sa volonté de fer à tout et à tous... Trois filles fort distinguées et bonnes, un fils qui développait ses grâces, par l'exercice incessant du vélocipède, étaient toutes les espérances et les héritiers de la noble famille du Pommeau...

Résumant déjà les pouvoirs de maire et de conseil municipal, Mme du Pommeau voulut être aussi le curé de la nouvelle paroisse... Cela arrive souvent...

Et pourquoi pas?... N'était-elle pas Mme du Pommeau?...

Tant qu'il ne fut question que d'habiller les saints de bois de l'église ou de les déshabiller, de les dévêtir ou de les vêtir des jupons bariolés ou des chapes insensées, qui se confectionnaient au château, l'abbé Vertot laissa faire tout ce que l'on voulut... Il laissa même appendre aux murailles restaurées de son église, d'affreuses lithocromies rouges, jaunes, vertes et criardes, qui prouvaient autant la dépravation du goût artistique de la donatrice que son esprit d'économie exagérée. Il accepta même trois bannières en papier doré et ornées de saints qui avaient vu le jour à Épinal...

L'attitude conciliante de l'abbé Vertot, qu'elle prenait pour un timide et un faible, enhardit Mme du Pommeau, qui un beau jour, en souriant discrètement en se pinçant les lèvres, glissa à l'oreille du curé, des choses; des observations de ce genre : « Les réunions d'ouvriers au presbytère n'étaient pas si utiles que ça..., ça établissait une espèce de familiarité entre les paroissiens — gens peu brillants — et M. le curé... » et patati et patata...

Le curé se taisant et faisant pour toute réponse des ronds sur le sable avec le bout de sa canne,... Mme du Pommeau se crut autorisée à continuer de plus belle : le silence de l'abbé Vertot l'encourageait...

— « C'est comme les sœurs, poursuivit la femme du maire en dodelinant de la tête, c'est comme les sœurs, elles donnent à tort et à travers, et souvent leurs aumônes tombent sur de vrais misérables... Elles ont aidé jusqu'à une fille-mère... figurez-vous donc cela, monsieur le curé... »

Le curé faisait toujours des ronds; il écoutait,

les yeux fixés, sur le bout de fer de sa vieille canne...

— « Jusqu'à une fille-mère... M. du Pommeau a été fort étonné, au reste, qu'on ne le consultât pas même à ce sujet; M. du Pommeau s'en est expliqué vivement avec moi... Je me suis efforcé de calmer M. du Pommeau... »

Quand l'abbé Vertot vit mettre en jeu ce pauvre innocent de du Pommeau, — une vraie tête de bois, un idiot, — il eut toutes les peines du monde à retenir un éclat de rire... Il resta pourtant impassible...

— « Il faut venir quelquefois au château, monsieur le curé, vous vous entendrez au moins un peu avec nous relativement à une foule de choses qui... clochent, je dois vous le dire... »

Le ton de Mme du Pommeau était de la dernière impertinence et de la plus souveraine grossièreté...

Le curé s'inclina en regardant ses pieds...

Deux mois ne s'étaient pas écoulés que l'abbé Vertot était changé de paroisse; l'administration diocésaine l'envoyait à l'autre extrémité du diocèse...

Mme du Pommeau traînant en laisse M. du Pommeau et escortée de trois ou quatre curés voisins, — joueurs, gourmands et niais dangereux, — Mme du Pommeau avait présenté à l'archevêque ses prétendus griefs contre l'abbé Vertot, et l'archevêque, laid, mais homme aimable avec les dames, s'empressait, sans avis préalable même, de frapper le pauvre prêtre pour sa charité et sa popularité. Il est vrai que l'abbé Vertot n'avait pas modifié d'un iota sa conduite si chrétienne et si intelligente vis-à-vis des pauvres et des ouvriers...

L'abbé Vertot partit avec ses vieux meubles tout disloqués; il prit possession de sa nouvelle paroisse, le cœur bien gros; mais rien ne trahit au dehors le froissement de son âme...

. . . .

On était en automne, et le froid était fort vif... Une de ces lourdes et pauvres voitures de marchands ambulants que l'on voit parcourir les grandes routes, se remisait un soir sous les murs du presbytère...

Quelques instants après, une voix déchirante appelait le curé...

L'abbé Vertot avait à peine ouvert la petite porte d'entrée de sa maison, qu'une vieille femme en larmes, suffoquée par une douleur immense, glissa à ses pieds...

C'était la mère d'un pauvre alsacien... Désespéré de ne pouvoir gagner suffisamment pour nourrir sa nombreuse famille, le malheureux venait de se donner la mort...

Le cadavre sanglant gisait auprès de la voiture,

et sur ce corps privé de vie, une jeune femme et cinq petits enfants pleuraient...

Le pauvre curé fit tout ce qu'un prêtre animé de l'esprit du Christ peut faire...

Bientôt l'abbé Vertot recevait une lettre de l'archevêché, dans laquelle l'autorité diocésaine lui reprochait en termes forts durs, fort aigres, son indépendance d'esprit, les difficultés qu'il avait eues dans sa précédente paroisse, les chagrins qu'il avait suscités à Mme du Pommeau, et enfin l'acte anti-canonique qu'il venait d'accomplir en ensevelissant un vagabond suicidé... Tout, dans cette lettre, jusqu'à sa conduite si touchante vis-à-vis de la pauvre famille désolée, tout fut travesti et commenté en termes odieux... L'archevêque terminait en disant à l'abbé Vertot qu'il avait assez de lui...

L'expression était épiscopale et bête.

A partir de ce jour, une tristesse profonde s'empara du pauvre prêtre, et cette tristesse, les actes malveillants et sournois, les insinuations calomnieuses des curés du voisinage ne firent que l'augmenter...

Découragé, vaincu, désillusionné, l'abbé Vertot s'installait à Saint-Etienne comme prêtre assistant. Quelques leçons qu'il donnait, le peu d'argent qu'il retirait de sa fonction moins que subalterne, le firent vivre pendant quelques mois.

Le clergé de la ville le délaissait; seul, je le voyais...

Un matin, il s'éteignait dans mes bras sans une récrimination et sans une plainte..., mais sans une prière...

Nous fûmes deux à l'accompagner au cimetière : mon domestique et moi.

Cette histoire lugubre prouve que... Tirez-en vous-même la moralité, comtesse : je m'abstiens; car je n'aurais qu'une nouvelle imprécation à jeter à la face de ceux qui violant sans cesse les lois les plus élémentaires de la justice et de la charité, n'ont pas même le respect, chez les autres, de cette dignité sacerdotale qui les a faits tout ce qu'ils sont et sans laquelle jamais, ils n'eussent été capables de faire ou d'être quelque chose...

XVIII

La vie du prêtre est prodigieusement oisive et le monde l'ignore; car, sans cesse, le prêtre parle de ses mille occupations, occupations multiples et de tous les instants. Et pourtant, comment se décompose son existence?...

Le prêtre de campagne, la messe dite et son bréviaire terminé, soit deux heures employées, est absolument libre le reste du temps.

Sa bibliothèque ne le retient guère, je vous assure; car, le prêtre de campagne aime peu la lecture, et puis il lirait quoi?... En général il n'a pas de livres... Pourquoi lirait-il, au reste?... Il connaît ou plutôt il croit connaître ses paroissiens à fond et il leur prêche la doctrine de Dieu, d'abondance de cœur, — c'est là l'expression consacrée, par laquelle on désigne les improvisations lamentables des prêtres paresseux. Toute l'ambition du prêtre de campagne se borne à bien peu de choses : recevoir un affectueux bonjour des vicaires-généraux lors des retraites pastorales ; être bien avec son archiprêtre ; voir son vicaire sortir peu dans le village, car cela déplaît à sa bonne ; ne pas payer trop cher son vin ; avoir de bons légumes, et... et..., eh ! mon Dieu, c'est tout. De temps à autre, il fait une partie de cartes avec le président de la fabrique ou le trésorier. Il les retient ce jour-là à souper ; il raconte au brave homme de grosses histoires qui les font crânement rire tous deux d'un gros rire large ; puis, ils se séparent, l'un, pour regagner sa ferme, l'autre, pour aller retrouver sa cuisinière qui raccommode de vieilles soutanes jaunies au coin du potager.

La seconde variété du prêtre, le prêtre de ville, ne rappelle en rien le prêtre de campagne. Leur seul point de contact est une sainte horreur de la lecture...

Le prêtre de ville a cependant un semblant de bibliothèque qu'il époussète avec soin ; là se bornent toutes ses relations avec les livres...

Le prêtre de ville n'a pas le rire bruyant du prêtre de campagne ; son rire est discret et coquet ; quand il rit, il pince les lèvres et agite gentiment la tête, ce qui imprime un petit mouvement tout frétillant à sa chevelure qui frise naturellement, bien entendu... Ce mouvement de tête, ce tremblottement de boucles de cheveux arrangés avec un art savant et une patience inouïe, jettent certaines dévotes dans un état indéfinissable... Ne souriez pas, comtesse, je ne plaisante point, et ce que je dis est plus grave et plus vrai que vous ne le pensez... Le prêtre de ville porte généralement des lunettes : — « Ce sont, dit-il, en grassayant avec affectation, les études et les veilles qui m'ont affaibli la vue. » Il sait que Pharamond a été le premier roi de France; il dit que Savonarale fut un réformateur des Carmes, il sait cela, lui; il prononce harem comme on prononce hareng. Sa science, on le voit, n'a rien d'exagéré, et quand il surprend certains sourires sur les lèvres de ses interlocuteurs, le prêtre de ville s'empresse de dire, en prenant un air aussi penché que naturel : « Ce n'est pas la science seule qui mène l'homme à Dieu, mais bien un cœur pur et une âme droite. »

On voit que le prêtre de ville trouve souvent, même sans trop le chercher, le petit mot pour rire.

Le prêtre de ville cultive en général la musique : l'harmonium est son instrument favori ; cela le met en rapports fréquents avec les jeunes filles de la paroisse; quand, la veille de quelque grande fête, il apprend un motet aux chanteuses, le visage du prêtre de ville a des reflets séraphiques et son nez fait l'accordéon.....

Il est allé à Rome; il appelle ce cloaque la Ville Eternelle; de bonnes ouvrières ont pris sur leur nécessaire pour lui payer les frais de ce pieux voyage. En échange de leur argent, le prêtre de ville a rapporté aux pauvres filles une relique de saint Cubitus. L'année précédente, une dame de charité, qui ne donne jamais une chaussette aux pauvres, lui avait offert une forte somme, — que le prêtre de ville a acceptée tout naturellement, — afin qu'il pût visiter dans tous ses détails, la ville de Cologne, où, furent jadis martyrisées, — d'après lui, — les onze mille compagnes de sainte Ursule. Il a même vu le lieu du massacre... Sans avoir toutes les connaissances des Bollandistes, on voit que le prêtre de ville en a toutes les erreurs...

Chacune des affections mystiques ou autres qu'il a su inspirer, s'est empressée d'orner le boudoir du prêtre de ville et de laisser dans sa chambre de nombreux souvenirs, sous la forme de prie-dieu brodés, de fauteuils à chiffres entrelacés, de porcelaines, etc., etc., etc...

Il est bien entendu que lorsque le père du prêtre de ville vient voir son fils, il lui dit : « vous », et l'appelle « monsieur l'abbé... » Le prêtre de ville « n'est-il pas revêtu de la plus haute dignité terrestre? N'est-il pas, au reste, un autre Christ?... Le prêtre ne passe-t-il pas avant l'ange? »... Un de mes amis, l'abbé Chopinard, qui pesait cent trente kilos, avait la manie de parler sans cesse de la supériorité du prêtre sur l'ange...

Le prêtre de ville n'embrasse jamais ses frères; il leur donne sur la joue une petite tape amicale et protectrice...

Deux dames absorbent au confessionnal ou à la sacristie la matinée tout entière du prêtre de ville, et l'après-midi tout entière, il l'emploie à rendre les deux visites qu'il a reçues le matin. Il consacre le reste de son temps à visiter les infirmes...

Voilà, comtesse, où nous en sommes! Voilà les docteurs, qui sont les dépositaires et les prédicateurs de la foi catholique! Voilà les défenseurs de cette religion contre laquelle une partie du monde s'insurge et se révolte!

Elle est belle cette armée, n'est-ce pas, et surtout bien disciplinée et bien aguerrie?

Au reste, comment en serait-il autrement avec l'éducation actuelle du clergé et le peu de sollicitude qu'il inspire à ceux qui ne devraient avoir pourtant, d'autre préoccupation que sa réforme, son élévation morale, sa grandeur et sa dignité?...

Ou Rome méprise profondément ses prêtres, parce qu'elles les croit incapables de devenir jamais autre chose que ce qu'ils sont, ou elle n'en a pas le moindre souci...

Croyez-bien, comtesse, que pour être isolée, ma voix n'en est pas moins l'écho fidèle de ce qui se dit tout bas par beaucoup d'entre nous et de ce qui se répète sans cesse dans bien des cercles; mais la terreur du prêtre est telle, il redoute si profondément son évêque et Rome; il sait que chez nous il faut si peu de chose pour être perdu, et que lorsqu'on est frappé, on est irrévocablement perdu, qu'il préfère se taire et manger son pain en paix, tout en gardant, bien entendu, dans le fond de son âme des sentiments d'amertume et de douloureuse tristesse qui frisent la haine, plutôt que de faire entendre une plainte légitime, inutile et toujours dangereuse...

Le prêtre qui manifesterait ses sentiments et ses appréciations trop haut, si justes et si fondés qu'ils fussent, l'évêque le censurerait infailliblement.

Or, vous savez aussi bien que moi ce qu'entraîne une censure?... Le déclassement, la misère dans toute son horreur et l'abandon de ceux-là même qui pensent pourtant comme le malheureux interdit, dans le for de leur conscience.

. . . .

Un des plus savants pères de la Compagnie de Jésus, un auteur fort connu, me disait un jour à Fourvières, que les évêques redoutaient les têtes pensantes...

— « Avec toute notre obéissance, avec toute notre sujétion, continuait-il, nous sommes libres en réalité, et vous, vous ne l'êtes pas... Nos supérieurs sont des hommes intelligents, qui n'érigent pas une volonté arbitraire en loi, mais qui, pénétrés de l'esprit de notre ordre, savent tout le respect qu'ils doivent à leurs inférieurs, et qui prennent bien garde de s'en départir jamais. »

Il n'est certainement pas un pays où le droit canon soit violé en effet d'une façon plus constante et plus flagrante qu'en France. Pour l'épiscopat, le droit canon est une lettre morte... Inamovibilité, officialités, études, concours, les évêques ont joué avec tout cela; ils ont supprimé tout cela, tous et à qui mieux mieux, afin d'enlever au bas clergé les quelques garanties qu'il pouvait invoquer encore contre l'arbitraire épiscopal...

Qu'est-il résulté de cette violation de la loi?... Le prêtre est devenu la chose de l'évêque, qui peut, sur un simple caprice, le briser ou l'élever...

Quel avantage et quelle considération la religion tire-t-elle d'un semblable état de choses et d'une situation aussi anormale et aussi tendue? Et quelles raisons sérieuses l'épiscopat peut-il invoquer pour se soustraire plus longtemps aux lois qui ont été édictées par l'Eglise dans l'intérêt commun de toutes les classes du christianisme?...

« Les temps ne sont pas opportuns, disent les évêques, ils ne sont pas favorables pour apporter actuellement des modifications à l'ordre actuel des choses »... Cela se lisait naguère dans une lettre pastorale...

Ah! les temps ne sont pas opportuns!... Quelle prudence, messeigneurs, quel amour de la paix! Et quand par vos actes, vous abrogeâtes ces articles du droit qui garantissaient notre existence et notre dignité contre votre omnipotence, les temps étaient-ils opportuns ou inopportuns? Oui, les temps étaient opportuns, n'est-ce pas? Ne s'agissait-il pas de vous arroger des privilèges nouveaux et exorbitants? Or, pour l'acquisition d'un privilège, les temps si mauvais qu'ils soient, sont toujours opportuns... Pour rentrer dans la loi commune par l'abandon d'un avantage usurpé, les temps si favorables qu'ils soient, sont toujours inopportuns!...

Bravo, monseigneur! bravo!

. . . .

XIX

Si certains travers, si certains ridicules du prêtre me font sourire parfois, croyez que bien souvent, comtesse, sa position fausse et sa situation précaire et sans dignité m'attristent profondément... Tout en le jugeant durement en apparence, je l'absous bien volontiers en mon âme, et en l'absolvant, je lui rends parfois justice...

Si vous saviez comme le découragement nous gagne tous au milieu de la vie et comme les illusions, — ce qui aurait pu être des vérités et des réalités, — s'évanouissent sans retour, sans espoir même de retour chez nous, à cet âge, qui pour tous les autres hommes n'est pourtant que l'âge de la maturité et de la force!...

Pour le prêtre, le milieu de la vie est comme le crépuscule final d'une vieillesse prématurée...

XX

Je revoyais naguère une ordination dans la vieille et splendide cathédrale de Saint-Jean de Lyon... Les orgues puissantes à demi-ensevelies dans les ombres d'un matin de décembre, murmuraient d'ineffables et mystérieuses mélodies, qui semblaient glisser des voûtes, jusqu'au fond des âmes émues des jeunes ordinands...

Ils étaient là les futurs prêtres, priant en silence le Dieu tout-puissant qu'il leur donnât un cœur pur et une âme ardente afin d'étendre partout le règne de la justice et de la vérité... Le visage de ces jeunes hommes se dessinait pâle et recueilli, dans le chœur imparfaitement éclairé par la flamme tremblante des cierges, et les aubes blanches revêtaient des contours vaporeux au milieu des nuages d'encens...

Mon émotion fut profonde lorsque j'entendis ces jeunes voix répondre toutes ensemble : « Je le promets », à ce que venait de leur demander l'archevêque... Le prélat avait parlé du monde, des dangers du monde et de vœux éternels à ces enfants dont l'existence entière n'avait connu d'autre milieu que l'Eglise, la famille et le séminaire...

Et ils promirent sans hésiter et la fuite de ce monde qu'ils ne soupçonnaient même pas et le respect de ces vœux éternels de la solennité et de la gravité terrible desquels ils ne se doutaient guère non plus...

Pourquoi, pour beaucoup d'entre nous la vie ne s'arrête-t-elle point là?

Le jour de son ordination, le jeune prêtre donne tout, son âme, son cœur, ses sens, son intelligence, sa liberté et sa pensée...

Et à lui, que lui donne-t-on?...

Quand au bout de quelques années, l'enthousiasme factice qui vous animait commence à tomber, on jette un regard sur le contrat que l'on a accepté, et l'on ne tarde pas à voir que toutes les charges sont d'un côté et qu'elles ne sont contrebalancées par aucun avantage.

Le prêtre ne peut invoquer aucun droit; sa vie doit être le constant et stérile accomplissement de devoirs surhumains sous lesquels il succombe, pour la perte des autres souvent...

Mais qu'importe à Rome cela?... Que lui importent nos larmes, nos découragements, nos défaillances, notre anéantissement moral?...

Pourvu que tout cela se passe dans le secret de nos âmes, dans les profondeurs de nos cœurs ou de notre intelligence; pourvu que notre avilissement soit caché; Rome est satisfaite... Son armée offre extérieurement une vue d'ensemble, qui en impose et qui oblige ses ennemis à compter avec elle une fois encore; tout va bien!...

Nous croyions trouver dans la vie sacerdotale et les études qu'elles nous permet, une solution à nos doutes, nous pensions y rencontrer la paix et le calme; nous espérions conquérir des âmes à Dieu par une charité immense; nous osions rêver ces luttes, ces combats, où, par la science, par la parole et par les écrits, on oblige l'incrédulité à s'avouer vaincue! Illusions, erreurs, que tout cela!...

Rome n'a pas plus le souci de nos aspirations les plus légitimes que le respect de ses promesses les plus sacrées de jadis; une seule chose l'occupe et l'absorbe : son triomphe terrestre! et elle ne veut triompher que par de ténébreuses intrigues et de mystérieux moyens. Fille de Machiavel, elle croit que la manière la plus sûre d'étendre sa domination et que la route la plus courte et la moins dangereuse pour arriver à son but est la nuit et le chemin oblique! Pauvre Rome et pauvres prêtres!

Si elle relisait parfois l'histoire, elle verrait combien cette politique lui a valu de succès.

XXI

Le prêtre qui désillusionné ou déçu veut rompre des liens qui lui sont devenus odieux ou intolérables, se trouve dans la plus fausse et la plus douloureuse situation.

L'Etat et l'Eglise s'entendent admirablement pour transformer en martyr et en patient le prêtre qui redemande sa liberté.

A la suite des réclamations de ce prêtre, à la suite de sa déclaration qu'il ne peut plus rester là, où il ne se sent plus à sa place, l'Etat et l'Eglise s'unissent pour resserrer encore et les river plus profondément les chaînes du malheureux.

L'Eglise l'exclut du ministère, c'est-à-dire, elle lui enlève son titre extérieur et son pain, mais elle laisse imprimé au front du dépouillé, du vaincu ou du révolté, un signe tout particulier qui désigne le malheureux à l'Etat.

L'Etat survient alors; il ferme à cet homme l'accès de toutes les carrières civiles et l'entrée régulière dans les familles, par un respect partial du concordat.

Le prêtre vaincu a un chancre au front... Les eaux d'Uriage, de Vichy, d'Evian, de Louëche, d'Aix, de Royat, de Mont-sous-Vaudrey, ne lui enlèveront pas.

— C'est la loi, dit l'Etat... vous n'êtes plus rien...

— Faut-il que je meure, reprend le prêtre...

— Faites ce que vous voudrez...

— Il fallait donc que j'enseignasse une doctrine à laquelle je ne vois nulle base, à laquelle vous, Etat, n'avez jamais cru!... Il fallait donc que j'affirmasse à un peuple sincère et confiant, le contraire de mes pensées?... que je lui disse l'inverse de ma croyance?...

— Faites ce que vous voudrez, répond impertubablement l'Etat.

— Mais vous, Etat, vous ne croyez pas à un mot de ce que j'enseignais autrefois... vos lois sont athées... Vos hommes au pouvoir sont athées comme votre loi... Il y a donc entre votre conduite à mon égard et vos croyances, des abîmes monstrueux de contradictions! Et puis, je ne vous demande pas une faveur; je vous demande ce que vous accordez à tout le monde... d'être citoyen...! Pourquoi me faire à moi une situation exceptionnelle et qui ne m'ouvre que des abîmes?...

— C'est comme cela, dit l'Etat...

. . . .

Et vous voudriez, comtesse, que le prêtre qui ne croit plus, qui a vu à la suite de ses études silencieuses, de ses méditations profondes, le voile du sanctuaire se déchirer et laisser nus et froids les tabernacles, vous voudriez que ce prêtre répudié par la politique actuelle, renié par son ancienne caste à lui, ne maudît pas le monde moderne et ne bénît point en l'appelant, de toutes ses forces, la Révolution sociale, dont nous entendons partout les sourds grondements!

. . . .

Deux espèces d'intelligences embrassent le sacerdoce, ou plutôt parmi ceux qui embrassent le sacerdoce, se trouvent deux espèces d'intelligences: Des intelligences vulgaires et des intelligences supérieures.

Les intelligences vulgaires cherchent dans la prêtrise une vie tranquille, repue, calme, et la satisfaction exclusive d'appétits matériels et d'intérêts absolument terrestres.

Les intelligences supérieures demandent au sacerdoce et à la vie théologique la réalisation d'un idéal entrevu ou rêvé, mais jusque-là resté flottant et indécis pour elles... Elles veulent poursuivre une vie de sacrifices; elles ont un besoin mystérieux, mais tout puissant de s'élever et de souffrir...

Une fois entrées là, ces intelligences, ces âmes d'élite, ces enthousiastes croient n'avoir plus qu'à ouvrir les yeux pour contempler dans leur épanouissement les merveilleux et âpres mystères d'outre-tombe et des destinées humaines...

Mais au bout de quelques années, que de larmes, que de déceptions, que de rêves évanouis, que de solutions toujours pendantes, que de problèmes moqueurs! Alors de sourdes irritations agitent ces âmes; ces intelligences s'ébranlent; quelques-unes vacillent ou sombrent dans le doute ou la folie.

Dieu, vous le voyez, a toujours d'étranges manières de récompenser ceux qui le cherchent et de répondre aux enfants qui l'appellent!...

. . . .

Il y a, comtesse, trois façons, chez nous, de résoudre la question du dégoût, et, si intelligent et si patient que l'on soit, on est obligé d'embrasser l'un de ces trois modes.

Ou s'engraisser, dormir, boire et fumer..., ou entrer dans un couvent..., ou quitter la soutane...

Donc, que va faire l'âme désillusionnée et puissante dont je parlais plus haut?

Dieu qui n'a pas voulu se révéler à cette âme malgré ses prières, ses appels, ses larmes et ses études.., Dieu se révélera demain à Cucufas ou à Salopette, qui eux, par exemple, n'ont jamais rien demandé du tout... et qui s'en moquent comme d'une...

L'âme d'élite, dont j'esquisse ici la monographie d'après nature, sans se décourager d'être ainsi laissée de côté par son Dieu en faveur d'une gourgandine ou pour un infect polisson, cette âme ne se laissera pas abattre; elle ira chercher l'idéal qui la fuit, entre les quatre murs d'un couvent...

On a singulièrement poétisé la vie monastique, mais on l'a plus souvent jugée d'après l'imagination que d'après les faits réels...

Les grands cloîtres de marbre, silencieux et à moitié perdus dans la pénombre des croisillons; les moines se saluant du capuchon sans se regarder; les croix du cimetière intérieur, sans noms et brisées par les vents, les neiges et le temps; les chapelles éclairées par les teintes mélancoliques des vitraux; les grandes bibliothèques, où le religieux, — fantôme des âges écoulés, — semble garder les trésors et les reliques du passé; la voix des grandes orgues, leurs pleurs dans la nuit, sous les voûtes des cellules et le long des corridors déserts, tout cela, toutes ces images plus rêvées que réelles, ont donné à la vie monastique une douceur, une poésie, un reflet de science austère qui sont bien loin de la vérité...

Là, comme partout, se trouve l'homme, et là où se trouve l'homme, se trouvent les passions humaines... Or, là, dans ce petit monde restreint, l'homme est encore plus mesquin et plus étroit qu'ailleurs. Les petites dévotions ont remplacé la grande foi, et les petits conflits ont succédé aux grandes luttes.

Le frère portier se plaint du père hôtelier; le père hôtelier jase sur le coadjuteur; le coadjuteur gronde contre tout son personnel, et le père abbé trouve que tous ses subordonnés ne sont que des niais, des dépravés ou des buses.

Or, l'origine de toutes ces tempêtes et de tous ces jugements, est le verre de vin donné mal à propos à un ouvrier et la génuflexion que l'on devait faire longue, très longue, à ces mots du *Gloria,... adoramus te...*, et qui a été écourtée par le frère Machabée...

O mon Dieu, que devient l'homme !...

. . . .

Et voilà de quoi dépend un avenir humain !

. . . .

Je reprends mon sujet...

Le premier soin des supérieurs est naturellement de décourager le pauvre nouveau venu.

On appelle cet acte couper les ailes à l'imagination, à la folle du logis.

. . . .

Avez-vous jamais remarqué, comtesse, comme les prêtres avaient un langage bête!....

. . . .

Par une série de petitesses, de grossièretés calculées, de mesquineries, on a brisé et révolté la pauvre intelligence dont je vous parle, et un beau jour cet homme n'a plus eu qu'à reprendre son bâton de voyage... Les portes du couvent étaient ouvertes devant lui, au reste, béantes...

S'il se fut engraissé, s'il eut fumé, bu; s'il eut joué, le calme peut-être fut descendu en lui. C'eut été pour lui la façon la plus simple de résoudre ses doutes et d'obtenir la solution réelle d'une foule de problèmes.

Ce moyen, il ne l'a pas même tenté; il lui répugnait profondément de s'avilir jusque-là.

Cependant ce moyen a du bon, paraît-il; je connais plus d'un gras évêque, d'un chanoine dodu et d'un recteur poussif qui l'ont employé avec un succès réel, mais vraiment réel... Et ils s'en sont bien trouvés...

. . . .

Aux flancs d'un vieux mur tout couvert de mousses et de lichens, qui longe un antique chemin sombre, inconnu et toujours désert, s'ouvre une porte de fer forgée, — une grille que ronge la rouille...

Depuis bien des années cette porte n'a pas tourné sur ses gonds. Aussi de longues herbes sauvages ont-elles envahi les barreaux et montent-elles haut, haut presque jusqu'aux armoiries et aux initiales qui ornent son sommet.

Au travers de cette grille ébranlée par le temps et les orages et les vents et les neiges, on découvre une vaste prairie dont les horizons sont bornés par des hêtres, des sycomores et des saules; les branches négligées rasent les herbes et presque le sol.

Une allée à perte de vue part de la grille et disparaît dans les grands arbres silencieux et sombres, au milieu desquels se trouve une maison...

Un drame plein de larmes et de sang s'est passé là, loin des regards humains et de toute cette pitié qui n'est en réalité qu'une des faces de la curiosité de notre époque et du monde actuel...

Voici en deux mots l'histoire...

Un homme jeune, beau et intelligent était entré au séminaire, poussé par un invincible besoin de savoir et d'approfondir, de chercher et de découvrir ces choses vagues qui s'appellent le spiritualisme.

Il pria, chercha, interrogea, mais vainement; le voile derrière lequel s'abritait pour lui le monde merveilleux où tendaient toutes les forces de son âme enthousiaste, — ce voile restait toujours aussi épais.

Il crut alors que la solitude favoriserait davantage ses efforts, et que loin du bruit, quelque étincelle de la mystérieuse lumière qu'il voulait voir, finirait par éclairer les ténèbres où il marchait.

Son espoir fut vain.

L'idée du monastère se présenta à lui... Un soir, il frappait à la porte du couvent et demandait à être accueilli. On l'accueillit du bout des lèvres.

Quelque temps après on l'engageait à aller chercher la vérité ailleurs...

Il se rendit à Paris où il vécut seul pendant de longs mois entre la prière et l'étude.

Peu à peu ses ressources s'épuisèrent et il se trouva en face de ce que la misère a de plus poignant. Instruit, profondément instruit, parlant bien, sympathique, il chercha vainement à se caser dans une maison d'éducation. Quant au ministère sacerdotal, il n'y devait plus songer; car, l'évêque lui avait dit qu'il n'était pas fait pour ça..., pour ça, entendez-vous, comtesse... Comme ils traitent leurs saintes fonctions, ces gens-là!...

Un matin de décembre, le pauvre prêtre vaincu, déçu, désespéré, sans pain et sans feu, parcourait morne sa petite chambre carrelée que traversait une bise glaciale.

Un coup léger retentit à sa porte, puis un second, puis un troisième.

L'abbé ouvre enfin, et une femme belle, jeune, en riche toilette sombre, s'avance.

Le prêtre stupéfait regardait muet, cette amie

de son enfance; c'était bien une amie d'enfance.

Mme P... avait été élevée avec notre malheureux; elle avait conservé malgré leur longue séparation, pour son petit camarade de jadis, une affection profonde, mystérieuse, où tout son cœur était passé.

Longtemps ils causèrent tous les deux, à demi-voix. Que se dirent-ils? Je l'ignore; mais ce que je sais, c'est que quelques jours après, l'abbé habitait la magnifique maison de Mme P...

Priant, étudiant ensemble, ils commençaient à jouir un peu du repos; — car Mme P... avait bien souffert aussi, — lorque des lettres anonymes, pleines de basses et cyniques injures leur parvinrent..., des rumeurs ignobles circulaient autour d'eux, contre eux..., des regards révoltants les suivaient lorsqu'ils allaient ensemble à l'église.

Enfin, un jour l'évêque apprit au pauvre abbé ce que seul il ignorait, c'est qu'il était l'amant prouvé de Mme P...

Ah! cette fois, ce fut le coup de grâce.

Devant ce long deuil qui avait duré toute sa vie, en présen de ce martyre éternel que lui infligeaient la bêtise et la calomnie, au souvenir de ses déceptions religieuses, l'abbé prit résolument son parti.

Le lendemain, on le trouvait dans sa chambre, mort, baigné dans son sang.

Devenue blanche en une nuit, Mme P..., un mois plus tard, froidement, se tuait à son tour...

. . . .

A l'inverse des autres penseurs, je ferais remonter toutes nos douleurs à Dieu, s'il existait... Et voilà pourquoi je vous dis : Voilons à jamais la face du Christ; son règne est fini... Pauvre fantôme, ton cri suprême sur la croix a prouvé à l'humanité que tu reconnaissais toi-même en cette heure sombre, l'inanité de tes espérances et la vanité de tes efforts et de tes luttes. Ton père ne t'avait pas abandonné; il n'existait que dans la brillante et généreuse illusion de ton tendre et puissant génie! Ta grande voix mourante se heurtait à des cieux vides..... Pauvre fantôme, les rayons de ta couronne jadis si resplendissante, sont aujourd'hui noyés dans les brûlantes aurores qui se lèvent sur les mondes nouveaux. Salut et adieu, étoile évanouie, météore éteint et déjà disparu!...

XXII

Le clergé a beau se tourner et se retourner, la Papauté a beau s'agiter dans tous les sens pour reprendre un peu de leur antique influence, la Révolution, — conséquence de leurs fautes et de leurs crimes, — les a blessés profondément; la libre pensée — conséquence du progrès incessant, — leur a donné le coup suprême.

Ces deux institutions comprennent si bien leur faiblesse, qu'elles achèvent de se paralyser elles-mêmes par excès de prudence.

Leur voix n'a plus d'écho; leurs colères n'épouvantent plus; leurs larmes ne touchent plus; car, ce sont des larmes de peur ou de spéculation; leurs dogmes sont percés à jour, et leur morale, ils la nient eux-mêmes dans la pratique.

Lors de la décadence romaine, à l'âge de la philosophie, sous le règne des Antonins, à l'époque où la Révolution chrétienne venait apporter au vieux monde gâteux d'alors, des idées nouvelles et qui devaient le galvaniser pendant dix-huit cents ans, jamais les augures ni les aruspices ne furent aussi impopulaires que ne le sont nos prêtres aujourd'hui.

Pourquoi le règne du prêtre est-il passé?

Parce que son but religieux ne fut jamais pour lui qu'un moyen d'arriver à asseoir sa puissance et de justifier sa passion.

Et puis, l'homme n'a-t-il point droit aujourd'hui de se plaindre de vaciller éternellement, de par les bonzes, entre un rêve et une hypothèse? Après six mille d'expériences, l'humanité a droit d'être lasse et de nier.....

XXIII

Voici, comtesse, ce que je fais sur les bords d lac du Bourget : je me rappelle bien des choses d passé qui, malgré ma vie brisée à jamais, ont co servé encore le don de m'émouvoir profondéme et de me faire espérer; je parcours les montagn toujours seul, cela me permet de rêver plus à mo aise; depuis longtemps, au reste, j'aime si peu l hommes!

Je visite souvent la splendide chapelle d'Ha tecombe, où je me plais à évoquer parfois l ombres de ceux qui ont disparu et auxquels bi peu de personnes songent jamais. Je m'arrête s les bords de ce lac si triste et je regarde mourir vagues sur la grève silencieuse et déserte, en ı disant que la vie est bien longue. Voilà ce qu fais, comtesse, sur les bords du lac du Bourget!

Quand le matin, le soleil dore d'un chaud rayon les cîmes grises des rocs de la Chautagne et que la brise des premières heures fait frissonner les petits sapins, je me dis entre deux soupirs que m'arrache le souvenir de certaines visions : voilà encore une journée qui commence ! Et, le soleil n'a pas encore lancé un de ses regards sur les fleurs de la vallée ou sur les hauts joncs des marais, que déjà je voudrais voir la lune se lever sur les tours du monastère et se refléter sur les eaux. C'est que, voyez-vous, la vie est bien longue, comtesse; elle est si longue que je la voudrais voir finie.

Il y a dans le petit cimetière de Conjux un tertre tout petit. C'est une tombe. Un enfant repose là sous un gazon émaillé de fleurs blanches. De jolis cyprès, qui s'efforcent d'être tristes, entourent la dernière demeure de cet être qui dort immobile et silencieux au pied de la croix, mais qui sourit là-haut, bien sûr, au milieu des étoiles. J'aime à venir rêver parfois en ce lieu plus gracieux que funèbre : il me semble, je ne sais pourquoi, voir s'ébattre au milieu des fleurs ce petit enfant qui me fixe avec de grands yeux bleus pendant que ses cheveux blonds flottent aux caresses de la brise. Sa petite bouche vermeille murmure des mots que je ne puis comprendre, car il parle à voix basse.

Je me suis attaché à cette sépulture et pourtant je n'ai jamais vu celui dont la terre recouvre la dépouille. Il y a, dit-on, des sympathies inexplicables, parce qu'elles sont mystérieuses. La sympathie que j'éprouve pour mon petit inconnu est de celles-là. Et puis, quelque chose — assez étrange, — me dit que le joli défunt ne m'est pas complètement indifférent. Si vous saviez aussi la gracieuse et touchante légende qui me fut contée sur ce petit tertre, et comment un homme aussi savant que spirituel me donna l'origine du nom de Conjux (1) que porte le cimetière, et celle du nom de Puer (2) dont les habitants du pays baptisèrent jadis un mignon petit port tout voisin du village de Conjux ! Je m'arrête, car cette histoire qui n'est peut-être après tout qu'une légende comme celles de certaines fées, vous prouverait une fois de plus que pour être infaillibles, les souverains pontifes, quand ils sont jeunes ne sont pas toujours impeccables. Vous voyez, comtesse, que je me tais, vous voyez que je ne dis rien et que je garde pour moi mon histoire...

Je viens parfois chercher là, au milieu de ces morts inconnus, ce que devient l'homme par delà la tombe, et me demander si avec son dernier regard et son souffle suprême, s'évanouissent et se dissolvent à jamais, son intelligence et ses facultés. Il y a pour moi, voyez-vous, des mystères insondables

(1) La femme ou l'épouse.
(2) L'enfant.

dans la mort, — mystères que les assertions des uns ne m'ont pas plus résolus ni plus imposés que les négations des autres n'ont réussi à me les rendre indifférends.

La mort en soi n'a rien de pénible; car, la plupart du temps les facultés humaines ont disparu quand survient la catastrophe finale : la mort en tant que mort, ne me dit rien; son idée, son aspect ne font naître en moi aucun sentiment. La vue d'un cadavre me rappelle l'homme qui dort, voilà tout. Ce qui me dit seulement qu'il y a dans le sommeil de la mort quelque chose de plus grave que dans le sommeil de la vie, c'est le silence qui se fait autour de celui qui vient d'expirer: on parle à voix basse, et l'on marche sur le bout des pieds... L'aspect froid et morne de la chambre mortuaire, donne presque toujours à la mort la gravité qu'elle a, comme les pompes religieuses la revêtent de toute la majesté et de toute la solennité qu'on lui trouve.

Cela est vrai...

Voyez un cadavre — le cadavre d'un inconnu, — au coin d'une borne, dans un carrefour fréquenté; les conversations, les hypothèses et les appréciations vont leur train; écoutez les curieux; l'un vient, l'autre s'en va, un autre le remplace, celui-ci interroge, celui-là passe en détournant la tête. Dans un cas de mort semblable, quelles réflexions vous suggère la vue du mort et quel caractère mystérieux prend la mort elle-même? Aucun, n'est-ce pas?... C'est un homme de moins, voilà tout. Personne même ne songe à se découvrir : l'enfant regarde le cadavre dont le visage livide baigne dans le ruisseau, et cette vue ne l'empêche point de grignoter son pain ; le curieux pose des questions à ses voisins; le loustic lâche en s'en allant, une dernière platitude, et plusieurs rient dans le groupe.

Mais si la vue de la mort brutale et actuelle porte moins l'homme à la réflexion qu'on l'a dit bien des fois, il n'en est pas de même de l'aspect de ces lieux, où des générations entières dorment couchées les unes à côtés des autres dans les terrains vagues d'un cimetière. Le silence qui règne là, ces murmures mystérieux qui glissent à travers les herbes longues, les âcres parfums des fleurs funéraires, les mousses qui croissent sur les tombes oubliées, les inscriptions effacées par les pluies et les années, tout cela nous porte au recueillement et nous pousse à chercher la solution du plus grand des problèmes philosophiques.

Ce qui repose sous cette pierre, au fond de cette tombe, est-ce tout ce qui reste d'Elle, se demande-t-on? Ses perfections, son cœur, son âme, ses tendresses et ses douleurs de femme adorée et de mère aimée, n'étaient-elles que la résultante finie d'une organisation délicate et régulièrement harmonisée?

Ou bien celui qui l'aima, la retrouvera-t-il plus tard plus adorable encore en ces mondes dont nous avons le vague instinct ou comme le ressouvenir, mais que nulle science ne nous a révélés d'une manière positive?

Voilà ce que dit en général l'homme, lorsqu'il descend parfois en lui-même au fond de ses souvenirs, en présence des tombeaux...

Et pour moi, cependant, il n'en est pas de même...

L'idée de la mort produit en moi une irritation étrange, quelque chose qui sent la révolte, oui, la révolte...

— Révolte impuissante, me direz-vous...

— Oui, révolte impuissante sans doute, mais révolte consciente et raisonnée contre une force inconsciente dont tous les arguments et tous les systèmes philosophiques m'ont plus prouvé jusqu'ici la fatalité aveugle et irréfléchie qu'il ne m'en ont établi l'ordre, la régularité et la logique...

De la part de Dieu, du Dieu théologique, la mort est un coup de violence qui termine la série de ses actes tyranniques et absurdes contre l'homme...

Ecoutez-moi, s'il vous plaît, vous prierez pour moi plus tard...

C'était au mois de décembre... Sur l'immense place de Jeaude, à Clermont, de nombreux marchands forains avaient établi leurs petits magasins. Çà et là, l'on voyait aussi des baraques de saltimbanques ou de nécromanciens, et d'autres étalages...

Du balcon de mon hôtel, je regardais cette ville toute de planches et de toiles, dont le vent d'hiver faisait craquer les toitures de zinc et gémir les légères fondations. Dans ce vaste assemblage de tentes, de maisonnettes, de boutiques et de théâtres, une seule lumière brillait, c'était à l'étroite fenêtre d'une vieille petite voiture éclairée par la lune. Il était à peine trois heures du matin... Marchands et acrobates dormaient paisiblement, retirés au fond de leurs demeures ou dans les auberges voisines. Seuls, deux enfants que j'apercevais distinctement, sortaient sans cesse de la pauvre voiture et y rentraient bientôt après avoir regardé un instant fixement un côté de la place plongé dans l'obscurité...

Par ce froid, ce silence et à cette heure de la nuit que pouvaient bien regarder ces enfants? Attendaient-ils quelqu'un qui dût venir de ce côté? Espéraient-ils voir bientôt s'ouvrir la porte de quelque auberge ou de quelque maison ?

Et le vent soufflait avec une violence toujours croissante en charriant au ciel d'immenses nuages, qui, de temps en temps jetaient sur la place et sur les toits de véritables rafales de neige.

Inattentifs à la tempête, les deux enfants sortaient et rentraient à demi-vêtus...

Curieux, je descendis sur la place et je me mis à parcourir lentement l'étroite rue que formaient les maisons de bois et les barraques...

De la voiture s'exhalaient des plaintes rauques et navrantes; l'on eut dit que celui à qui elles échappaient, s'efforçait de les retenir, et sur les joues flétries des deux enfants, de grosses larmes glissaient en silence...

— Quelqu'un est malade dans cette voiture?... demandai-je.

— Oui, c'est la mère, me répondit-on sans même faire attention à moi.

— Qu'a-t-elle, ta mère?...

De l'angle de la place si anxieusement fixé par les enfants, s'avançaient un enfant et un homme que je reconnus bientôt pour être un pharmacien voisin...

Ils marchaient rapidement dans la direction de la voiture... où, tous pénétrèrent à la fois...

Je les y suivis...

Une jeune femme couverte de guenilles de saltimbanque et de maillots pailletés, se mourait...

Je la vis, jeter sur les petits qui sanglotaient, un regard d'immense et douloureuse tendresse; je l'entendis balbutier quelques mots inintelligibles pendant que deux larmes longues tombaient de ses yeux... puis, son âme s'échappa dans un sourire suprême et déchirant...

La pauvre femme mourait de misère et de privations.

Le surlendemain, les orphelins accompagnaient leur morte au cimetière, et les yeux rougis, la poitrine gonflée, ils quittaient Clermont au pas allangui de leur vieux cheval efflanqué...

Or, qu'avaient fait à Dieu ces trois orphelins pour qu'il les privât ainsi brutalement, au début de la vie, de leur seule affection et de leur seul guide?...

Comtesse, j'ai cent histoires semblables à vous conter, qui toutes aussi bien que cette celle-ci, établissent que le monde n'a pas été créé d'une manière aussi parfaite que certains le prétendent, et que l'équilibre est plus rompu qu'on ne le pense communément, si toutefois il y a jamais eu équilibre dans le passé...

Certaines existences et certaines morts se dressent devant moi, en mes heures de méditation, comme des points d'interrogation tellement pleins de mystères, qu'aucune philosophie n'y répondra jamais.

L'homme éternellement badaud et friand de mensonges courra toujours aux solutions les plus fantaisistes qu'on lui donnera du problème de la vie et de la mort: la vérité lui fait peur; car, elle sort du domaine du rêve et de l'imagination et l'homme avant tout, veut vivre d'imagination et de rêve : le positivisme l'épouvante ; le positivisme, en effet, ne supprime-t-il pas les mondes fantastiques, où l'humanité berce mollement ses espérances d'outre-tombe, et n'éteint-il pas impitoyablement ces clartés imaginaires et ces fausses lueurs qu'elle s'obstine à prendre pour la vérité ?...

Devant un fait, que prouve au reste, une assertion contraire ? Or, devant le fait formidable du silence des morts, que peuvent établir de sérieusement contradictoire les affirmations gratuites qui sont la base éternelle de toutes les philosophies ? Et, devant le fait douloureusement constaté pendant des centaines de siècles, de la misère, du désespoir et des tortures humaines, que peut l'assertion gratuite et scolastique d'une bonté suprême et d'un ordre parfait affirmés par un carme ou un dominicain ?...

Ah ! comtesse, que la science philosophique est petite et que les données théologiques sont impuissantes en présence, je ne dirai pas, de certains doutes, mais bien de certaines questions !...

Présentée à l'homme comme elle l'est par certaines Ecoles, la Divinité n'est-elle pas odieuse et toute pétrie de révoltantes inconséquences ? Et n'a-t-il pas raison, l'homme, au milieu de ses désespoirs et de ses découragements, de jeter un dernier blasphème à la face de cette puissance suprême dont l'imagination éperdue a dû faire un nouveau Saturne?...

Comtesse, la foi resta longtemps debout dans mon âme, et souvent ses divines effluves versèrent sur mes blessures comme un baume salutaire et efficace...

Bien des fois, alors que la tempête s'élevait en moi, j'ai cherché en dehors de mon être des réponses à mes demandes, j'ai cherché le calme et le repos dans les doctrines humaines; mais toujours un côté de mon âme et de mon esprit restait vide et troublé, et mes larmes tombaient toujours aussi abondantes et aussi brûlantes; le christianisme seul m'apportait avec lui la paix et l'espérance...

Bien des fois, j'ai appelé, l'étude à mon secours; je croyais me fuir moi-même en relisant ces pages sublimes que le génie moderne n'a pas osé retoucher; je m'asseyais à côté du divin Platon sous le ciel bleu de la Grèce, en face de la mer limpide et pleine d'harmonies; je parcourais avec Virgile les rives et les cités qu'il a chantées; mais, mes larmes tombaient toujours aussi abondantes et aussi brûlantes, le christianisme seul m'apportait la paix avec l'espérance...

J'ai suivi le Tasse et l'Arioste à travers les féeries que décrivit leur plume enchantée; j'ai pleuré avec Milton la chute du premier homme; j'ai salué avec lui le Christ rédempteur; j'ai prié les vierges de

Dürer, et j'ai ri avec Calderon; ma gaîté n'apaisait point mon âme, ma prière et ma contemplation n'adoucissaient point ma douleur, mes larmes tombaient toujours aussi abondantes et aussi brûlantes; le Christianisme seul m'apportait la paix avec l'espérance...

J'ai entendu les mélodies enivrantes des maîtres de l'art musical contemporain; j'ai demandé à la rêverie de m'emporter bien haut sur ses ailes bleues et diaphanes; mais son vol m'a parû lent et moins sublime que celui de l'hirondelle, qui rase en chantant, les vieilles tours de nos églises, et les mélodies humaines ne m'ont rappelé que vaguement les harmonies divines... Et mes larmes tombaient toujours aussi abondantes et toujours aussi brûlantes; le christianisme seul pouvait m'apporter la paix en me donnant l'espérance de voir un jour dans ses demeures mystérieuses le type éternellement inimitable et éternellement poursuivi de la splendeur absolue et de l'absolue vérité...

Mais, ô mon Dieu, où donc est ce point lumineux?... Et plus j'ai marché à travers la vie, plus le silence a envahi les cieux... plus le doute est devenu poignant, plus les objections ont heurté violemment mon esprit, l'ont absorbé et vaincu...

XXIV

En voyant l'attitude constamment hostile ou défiante des gouvernements vis-à-vis de la cour de Rome, je me suis toujours demandé pourquoi le pape ne prenait pas l'initiative d'une rupture nette avec les princes et d'un retour aux antiques traditions chrétiennes, par la séparation de l'Eglise et de l'Etat...

Bien des membres intelligents du clergé appellent cette mesure suprême, tout bas, de tous leurs vœux...

Le clergé complètement indépendant de l'Etat, — puisqu'il participerait à toutes les charges du citoyen, — cesserait d'être impopulaire, comme il l'est; en outre, il serait plus digne; car, il se recruterait autrement qu'aujourd'hui; le privilège n'attirerait plus chez nous les frêlons qu'il nous attire...

Proclamer la séparation de l'Eglise et de l'Etat, serait, je crois, la meilleure réponse à faire aux perpétuelles menaces des gouvernements... Rome retrouverait dans cet acte, quelque chose de sa haute attitude passée...

Mais deux choses empêcheront toujours la réalisation de ce rêve de beaucoup d'entre nous : la peur des gouvernements de se trouver en présence d'une classe active, attentive à leurs fautes, indépendante et populaire; car, le clergé deviendrait cette classe...

... La peur de Rome de voir diminuer le nombre de ses prêtres et de ses ressources financières... Pour Rome, la quantité d'hommes est préférable à la qualité et l'argent à l'influence...

L'union de l'Eglise et de l'Etat, si faible qu'elle soit, privera toujours Rome de ses principaux moyens d'action : l'indépendance et la liberté..., et pour le prêtre elle engendrera toujours : le servilisme...

XXV

Au courant de cette lettre, je vous parlais, comtesse, du mouvement politique et social qui agita et ébranla l'Europe en 1848, et qui fut comme le prélude ou la préface des graves événements qui de nouveau ne tarderont, quoi qu'on en dise, à éclater et à s'accomplir bientôt.

En France, l'agitation révolutionnaire fut un mouvement social et par conséquent politique; en Italie et en Hongrie, il revêtit un caractère éminemment national; dans ces deux pays la lutte se livra par le propriétaire naturel du sol contre l'étranger et l'usurpateur...

Je parlerai seulement dans cette lettre du mouvement italien et du rôle que la Papauté aurait pu y jouer si elle eut écoutée les appels réitérés et pressants des patriotes en même temps que ses propres intérêts.

D'un bout à l'autre de la Péninsule on murmurait tout bas : Dehors l'étranger!... Depuis longtemps on était las en Italie de la domination autrichienne; ce régime despotique, soupçonneux et tracassier, avait sourdement irrité les masses d'abord, puis il avait fini par les exaspérer. On sentait que sous une tranquillité apparente, que sous un ordre extérieur, grondait la tempête et que le mécontentement légitime des peuples italiens ne tarderait pas à éclater d'une manière formidable à la première occasion.

Ce fut l'attitude insolente et provocatrice des Croates qui mit le feu aux poudres.

En quelques jours l'Italie s'était armée, et mue par son enthousiasme qui suppléait à son inexpérience militaire, elle faisait reculer, les unes après les autres les solides et vigoureuses armées de l'Autriche...

Tous les princes italiens avaient pris part à cette levée de boucliers et au mouvement national, les uns sincèrement, les autres par ambition, d'autres enfin par peur.

Pie IX, jeune, ardent et patriote, s'était rappelé les temps de Clément VII, et le premier, il avait acclamé cette insurrection de toute une nation opprimée contre son tyran. Aussi Mazzini écrivait-il alors au pape : « Très saint-père, grâce à vous, le jour de la rédemption va se lever bientôt pour la patrie, et comme jadis elle commandait du haut du Capitole, Rome commandera de nouveau du haut du Vatican. »

Mais bientôt tout cet enthousiasme se refroidit et tombe, les troupes napolitaines sont rappelées, le contingent romain reçoit l'ordre de rentrer dans les Etats de l'Eglise. Le roi de Piémont se bat encore, mais pour lui seul et dans le seul but d'ajouter un fleuron nouveau à sa couronne et une province à son royaume. Les patriotes restés seuls sur le champ de bataille sont écrasés; les gouvernements italiens traquent même les survivants qui sont obligés de fuir en Angleterre, en Suisse ou en France, et l'Autriche rentre de nouveau dans ses possessions avec ses canons chargés et ses enseignes déployées...

Peut-on accuser Pie IX de trahison vis-à-vis de cette Révolution italienne qu'il avait bénie et à laquelle il avait coopéré avec un réel enthousiasme?

Ceux qui applaudissent à la politique de recul du pape, disent que le souverain pontife ne se sépara du mouvement italien que parce qu'il comprit bientôt que la fin et les tendances de ce mouvement étaient toutes républicaines...

C'est là une assertion gratuite et que rien ne peut justifier...

Voici ce que me disait un jour un ancien supérieur du Saint-Esprit à Rome, avant l'invasion des Etats pontificaux par Victor-Emmanuel : « Les cardinaux qui entourent le pape sont ce qu'étaient ceux qui l'entouraient en 1848. Ces braves gens ont horreur du mouvement; ce qu'ils veulent avant tout, c'est la paix... Les Italiens rentreraient à Rome par une porte, les cardinaux s'enfuiraient par l'autre porte, sans avoir le moindre souci de ce que pourrait devenir le pape. Ce sont ces gens-là qui s'opposent aujourd'hui comme ils s'y opposaient autrefois à toute transaction, à toute entente et à toute modification dans la politique pontificale aussi bien qu'à tout remaniement dans les affaires si embrouillées des finances romaines. En revanche, ils se lavent les mains de l'impopularité qui peut rejaillir sur le Saint-Siège de ce déplorable *statu quo*... Ils ne veulent rien faire ni rien laisser faire. »

Ce fut donc pour avoir la paix dans son conclave que Pie IX rompit avec les patriotes italiens; mais combien furent désastreuses les conséquences de cette rupture et de ce semblant de trahison — disons le mot, — de la cause populaire et nationale! Combien peu cette politique à courte vue et dénotant une légèreté ou une faiblesse insigne, a-t-elle fait d'amis à la Papauté?... Mais par contre, combien a-t-elle soulevé contre le Saint-Siège des haines nombreuses et de profondes défiances!... Le peuple italien a continué seul sa Révolution de 1848 qui, au lieu de se terminer, après l'expulsion de l'étranger, par une fédération de tous les Etats, s'est terminée par la dépossession de ceux qui avaient essayé, mais en vain, d'entraver le grand mouvement libérateur et national!

Or, qu'a fait l'Autriche, cette vieille alliée de Rome et de Naples, en faveur de Rome et de Naples, lors de l'invasion de l'Italie dans ces deux Etats? Quelle cour, quel gouvernement ont sérieusement protesté contre l'annexion de Rome surtout, au nouveau royaume qui se formait des débris des Etats vaincus? Un seul souverain a-t-il élevé la voix? Un seul parlement, même partiellement, a-t-il réclamé en faveur du Saint-Siège et a-t-il fait appel à son pays en faveur du pape?...

Seuls, quelques nobles jeunes hommes dans un élan chevaleresque et quelque peu juvénile, sont allé bravement se faire tuer pour la défense d'une cause juste sans doute, mais qui depuis longtemps à cause d'une foule de fautes, avait cessé d'être populaire.

De leur dévouement, qu'est-il resté?... Un souvenir devant lequel on s'incline avec respect, un acte d'héroïsme du plus pur désintéressement, une nouvelle page glorieuse à ajouter aux annales déjà si riches de la vieille noblesse mais en revanche de nouveaux noms à écrire au martyrologe toujours trop nombreux des défenseurs des causes désespérées.

L'acte si beau des volontaires pontificaux a prouvé lui-même combien la Papauté était isolée et combien les peuples ne regardaient plus aujourd'hui comme étant leur, la cause du Saint-Siège. Rome a deux cents millions de sujets, et sur ces deux cents millions de fidèles, quatre mille à peine ont répondu aux appels désespérés du vieux pontife!...

Si Rome n'eût pas rompu avec ses traditions anciennes et si elle n'eût point oublié sa vieille histoire, jamais l'Italie n'eût permis à son roi si ambitieux qu'il fût, de pénétrer dans Rome..., et l'Italie elle-même eût-elle voulu s'emparer de Rome, qu'elle n'eût jamais osé fouler le sol neutre et sacré de la Ville Eternelle devant le frémissement universel de la catholicité indignée!...

Les papes ont changé d'alliés, ils ont préféré s'unir à une caste plutôt qu'aux nations; ils portent aujourd'hui la peine de leur politique imprévoyante et ils peuvent constater eux-mêmes que la chute de leur puissance temporelle n'a pas même établi l'ombre d'une fluctuation à la Bourse, ce baromètre positif de notre monde actuel.

Je le sais, comtesse, il est des optimistes même au milieu de la défaite et au sein des désastres... Aussi y a-t-il des penseurs, des philosophes et des politiques de sacristie qui, prenant leurs désirs pour une espérance et une réalité prochaine, disent tout bas d'un petit air entendu : « Peuh! cette unification italienne n'est pas de longue durée! » Je ne sais si cette unification sera ou ne ne sera pas de longue durée; toujours est-il qu'en attendant autre chose, elle existe et qu'elle est un fait accompli...

L'unité italienne se dissoudra-t-elle, je l'ignore, mais j'en doute; un nouveau mouvement annexioniste m'étonnerait beaucoup moins, je dois vous l'avouer en toute sincérité, qu'une agitation désorganisatrice, c'est-à-dire anti-unioniste : il en est plus, voyez-vous, de ceux qui ont intérêt au maintien de l'ordre actuel qu'il n'en est de ceux qui peuvent avoir un réel avantage au renversement de ce même ordre et à la restauration de l'ancienne constitution et des anciens gouvernements... Or, ceux qui aujourd'hui tiennent pour l'unité, sont le nombre, et par conséquent, ils constituent la force; les autres, tôt ou tard, finiront par intérêt, à se rallier aux idées nouvelles. Le Saint-Siège n'a-t-il pas constaté depuis longtemps déjà bon nombre de défections et de défaillances dans la haute noblesse romaine elle-même?

Le dévouement, comtesse, n'a qu'un temps et il n'existe qu'en faveur des fortunés : les veuves elles-mêmes se lassent de pleurer...

. . . .

La Papauté éprouve dans toute leur étendue, les

conséquences de sa malheureuse politique de partis — par le contre-coup qu'elle ressent de toutes les défaites de ses alliés d'hier.

Fatalement unie aux impuissants du jour, c'est-à-dire aux vaincus d'hier, par ses compromissions passées, elle voit ses œuvres les plus sérieuses au point de vue religieux même, paralysées et presque sans vigueur; elle voit son influence spirituelle réduite à bien peu de chose sans savoir même à peu près quand et comment elle pourra reprendre une situation plus normale et moins désavantageuse pour les grands intérêts qu'elle est censée représenter et défendre...

Et, l'Église elle-même se ressent du désarroi où la Papauté s'est jetée par son manque de prévoyance et d'ampleur de vue. — Oui, l'Église se ressent elle-même du désarroi dans lequel la Papauté s'est jetée par son manque de prévoyance et d'ampleur de vue...

XXVI

. . . .

Je relisais ce matin les lignes qui précèdent et je m'avouais à moi-même dans le silence de ma chambre qu'aucune de mes réflexions ne pouvait être taxée d'exagération ou de pessimisme. C'était avec une amertume profonde que je voyais aujourd'hui glisser à terre cette Papauté jadis si puissante et si pleine de majesté et je relisais avec une angoisse toute filiale certaines pages de notre histoire contemporaine, où l'on suit pas à pas la marche descendante de cette force évanouie et les défaites qui tous les jours se succèdent pour elle...

La ville s'éveillait à peine et dans ces matinales ténèbres de décembre, les cloches des paroisses sonnaient lentement l'heure des messes... De temps à autre j'entendais un pas rapide se perdre dans l'éloignement et au fond des rues désertes encore; or, bien que ce fût un dimanche, de rares fidèles franchissaient le seuil de l'Eglise en face laquelle je demeure...

Quand l'office divin commença, cinquante personnes au plus, dont une bonne partie se dissimulait par respect humain, dans l'ombre des piliers, une cinquantaine de personnes étaient présentes et s'unissaient des lèvres à peine aux prières du prêtre dans l'immense et sombre nef... C'était triste et froid... Et je me redisais à voix basse, en voyant le prêtre monter à l'autel par habitude et les fidèles l'y regarder avec indifférence... en présence de l'air bête et distrait de l'un et de la figure ennuyée des autres, je me répétais tout bas, cette phrase que je vous écris et qui est malheureusement bien vraie : Comme l'Eglise de Dieu se ressent du désarroi où la Papauté s'est jetée par son imprévoyance et son peu d'ampleur de vue!..

XXVII

. . . .

Et pour ramener les masses à elle, de quels moyens dispose la Papauté?.. Que fait-elle? Pour les appeler dans ses temples, je vois bien ce qu'elle tente... Elle inaugure chaque jour des dévotions nouvelles qui toutes pèchent par la poésie et la grandeur et beaucoup par la dignité; aucune au reste ne répond aux besoins des âmes modernes. Elle multiplie les tiers-ordres, les initiations, les cordons et les affiliations religieuses. Il n'est pas une prière même la plus grotesque rêvée et mise en mauvais français, — en français ecclésiastique, — par un Brididi quelconque, qu'elle n'enrichisse, — c'est l'expression consacrée, — d'une foule d'indulgences. Il n'est pas une image idiote dont elle ne favorise la vulgarisation; pas un livre niais auquel elle n'accorde l'imprimatur avec empressement. L'antique rosaire de saint Dominique, le vieux chapelet de nos grand'mères et de nos jeunes années a disparu lui-même pour faire place à des verroteries bleues et blanches, enfilées à des lacets de couleurs tendres et mystiques ; sur ces machines pieuses, des invocations étranges et des appels hystériques sont poussés à tel ou tel saint par les vieilles filles qui ont adopté ce nouveau genre de prières et de dévotions... Il est des confessionnaux qui ne désemplissent pas, je le sais, mais ce sont toujours les mêmes personnes qui viennent là en partie de cœur et de conversation ; certains prêtres appellent ces épanchements à huis-clos... des directions... Beaucoup de femmes sont friandes de directions...

Et, l'église, comtesse ! L'église, ah ! l'église, elle, devient de plus en plus déserte ; il n'y a plus guère que le bedeau qui tienne compagnie au bon Dieu : le prêtre lui-même en dehors de son travail, fuit le temple où ne retentit plus à son oreille trop mondaine, la voix mystérieuse de ce Christ que des traîtres vendent de nouveau et que crucifient encore les Pharisiens modernes !...

Si la Papauté ne réussit guère à ramener les fidèles dans les temples, réussit-elle mieux à se rallier les catholiques ?.. Je vous le répète, une seule classe de la société affirme bien haut ses sympathies romaines, c'est le parti légitimiste et encore ce parti-là n'est-il aussi bruyant dans ses démonstrations d'affection que parce qu'il sait qu'il a dans la Papauté une alliée aussi fidèle qu'utile et aveugle...

Rome et la légitimité ont si bien fusionné que les pensées de l'une sont dans les journaux de l'autre et que les deux camps alliés ont des chefs communs : les discussions de l'Aurora n'établissent-elles pas ce que j'avance et l'étrange affaire à laquelle je fais allusion à cette heure, ne l'avez-vous pas connue dans tous ses détails mieux que moi ?

L'action de la Papauté ne dépasse donc pas les limites du parti légitimiste, et en France ce parti est prodigieusement restreint [1]; les moyens d'action du Saint-Siège n'étant que ceux du parti auquel il s'est inféodé, sont donc impuissants à exercer l'ombre d'une influence sur les masses qui ébranlent notre société actuelle et qui déjà l'ont pénétrée de toutes parts et menacent fatalement de la remplacer dans un avenir prochain...

César Cantu commence en ces termes l'épilogue de son histoire universelle : « Il arrive souvent que les novateurs aperçoivent la vérité ; leur seul tort est de la devancer, et ce dont un siècle se raille en le traitant d'utopies, peut, dans le siècle suivant,

[1] La mort du comte de Chambord vient de le mettre à néant. Malgré toutes les assertions du *Clairon*, du *Figaro*, les légitimistes convaincus ne se rallieront pas à la famille d'Orléans.

passer à l'état de vérité triaviale. Parmi les opinions que nous avons citées, quelle est celle que ce sort attend ? Nous n'essaierons pas de le dire ; car si l'histoire nous a enseigné à condamner le présent en vue de l'avenir, elle nous a montré l'impossibilité de prévoir les accidents et de déterminer les temps. Le règne de Dieu viendra, et tous les jours il est appelé par un plus grand nombre de croyants ; mais quand arrivera son jour ? »

Je ne sais, comtesse, si je suis un novateur et si ce que j'affirme passera bientôt à l'état de vérité acquise, mais il est une chose que nul ne pourra ne nier, c'est que le catholicisme est de jour en jour plus abandonné et que les Dieux s'en vont...

XXVIII

Une chose m'étonne c'est l'immense agitatation qui suit les paroles tombant du Vatican. Il y a après chacune des grandes encycliques des papes, comme un long frémissement politique et social.

Les uns louent et applaudissent, les autres s'irritent et protestent, mais personne ne reste indifférend jamais, à ce que dit ou écrit le Souverain Pontife.

Qu'il s'adresse à la Catholicité entière et à l'universalité des croyants ou qu'à la suite d'un fait particulier il fasse connaître son appréciation au sein même du Sacré Collège, c'est-à-dire presque à huis-clos, il n'est pas un de ses mots qui ne soit commenté, pas une de ses phrases dont l'on ne discute ou la portée ou le sens dans la presse et les régions officielles gouvernementales.

Ceci est une preuve incontestable de l'influence que l'on attache à chacun des actes du Saint-Siège...

Il n'est certainement pas un discours, même le plus important, qu'il soit prononcé dans les circonstances les plus graves et les plus solennelles devant les Chambres ou en dehors du monde politique, qui produise une émotion plus universelle, surrexcite plus l'attention et éveille des préoccupations aussi générales qu'une simple allocution pontificale; philosophes et politiques ont beau affirmer que la Papauté a fini son temps et que trop d'événements l'ont jetée en dehors du mouvement moderne, tous tiennent à savoir ce que dit le prétendu défunt; tous ont hâte de connaître le sens de ses déclarations et de donner à ce sujet selon leurs intérêts ou leur manière de voir, des explications plus ou moins importantes ou plus ou moins loyales, à la société qu'ils sont appelés à diriger.

Quand au commencement de ce paragraphe, je vous disais, comtesse, que j'étais surpris de l'agitation qui dans le monde, suit chacun des actes des Papes, je me trompais : j'aurais dû dire plutôt que j'étais étonné du peu de cas que Rome faisait de cette agitation et de l'indifférence qu'elle manifestait en présence de l'émotion que soulevait chacune de ses déclarations...

Rome en effet, à peine a-t-elle parlé une fois,

qu'elle s'empresse de retomber dans son mutisme séculaire ; elle semble regretter presque d'avoir ouvert la bouche et d'avoir fait entendre sa voix. On dirait que les commentaires et les jugements que fait naître sa parole, l'épouvantent et qu'elle tremble devant l'attention universelle dont elle est l'objet. Elle a la rage de la torpeur.

Sans doute parfois ses dires soulèvent de violentes récriminations et de graves hostilités, mais ces récriminations et ces hostilités ne sont-elles pas une preuve même qu'elle n'a pas parlé dans le désert ? Les protestations haineuses ou brutales qui suivent ses promulgations, n'établissent-elles pas que Rome avait bien vu et que son coup d'œil était juste ?

Or, pourquoi semble-t-elle regretter bientôt ce qu'elle a dit ou tout au moins semble-t-elle y devenir indifférente ?

C'est que ces amis, dont j'ai parlé à plusieurs reprises déjà dans les pages précédentes, sont venus à elle dans l'ombre et lui ont dit à voix basse qu'Elle avait des intérêts terrestres à conserver et des alliés à ménager...

Et Rome a bien vite compris qu'en s'élevant contre l'arbitraire, contre le mensonge, la cupidité et la violence, elle s'aliénait ceux qui vivaient de cela... Or, ceux qui vivent de cela ont toujours couronne en tête et sceptre en mains...

Et voilà pourquoi Rome se hâte de nier dans la pratique ce qu'elle affirmait naguère en théorie : d'après elle et pour elle, les avantages temporels, vous le voyez, sont préférables au devoir et à la vérité.

Et voilà pourquoi après une brillante éclaircie à l'horizon moral ou social, les ténèbres remontent bientôt au ciel plus sombres et plus épaisses...

Les peuples s'éloignent mais les rois lui restent; mais que restera-t-il à Rome quand les rois seront passés?... Et, ils s'en vont vite, les rois !...

Si l'homme a parfois à gagner quelque chose dans une alliance avec les puissances de la terre, le principe religieux lui, y a tout à perdre, car toute alliance a pour base principale, les concessions... Or, que l'homme cède en un ou plusieurs points, c'est son affaire, sa dignité seule en souffre... Mais si l'Eglise, dans la personne de ses pontifes suprêmes, se tait ou s'efface lorsqu'elle doit parler, si elle s'incline devant la force terrestre, l'Eglise alors s'avilit, se découronne, se dédivinise; elle perd à jamais les intérêts sacrés que Dieu et les peuples lui avaient confiés, et elle ne mérite plus que la servitude où l'ambition et la peur la font se vautrer...

. . . .

Ne dirait-on pas, je le repète, que les papes seuls ignorent la puissance formidable dont ils sont investis? Ne dirait-on pas aussi que le souvenir lointain des persécutions dont leurs prédécesseurs furent jadis les glorieuses victimes, les affole souvent, et qu'ils s'inclinent si facilement devant les appétits royaux, dans la crainte qu'on ne les traîne encore au supplice!... Dans une certaine mesure, je le comprends, nos vieux pontifes ont raison de se méfier des princes. Ne sont-ce pas les rois et les empereurs qui ont fait les martyrs et inondé l'Eglise de sang? Et chaque décret contre les peuples et l'Eglise plébéienne n'est-il pas scellé du sceau d'un César ancien ou moderne?...

Pourtant ils devraient se rassurer, ils ont pour eux leur conscience, les peuples et l'histoire...

. . . .

Comme la puissance pontificale est indépendante de celle des rois! comme les intérêts même des uns et des autres sont opposés, comme leurs buts sont différents! Les rois sont les hommes du passé et les représentants de traditions et de forces évanouies... les papes, s'ils le voulaient, résumeraient l'avenir. Le principe royal naît de la minorité des peuples, le principe chrétien de l'émancipation et de la rédemption des nations...

Mais pourquoi les papes qui, au moyen âge et longtemps après même, avaient si magnifiquement compris et accepté leur rôle — ce rôle splendide, — l'ont-ils abdiqué depuis?...

On dirait qu'ils attendent aujourd'hui qu'on leur remette en main la croix pastorale et le sceptre humanitaire, et qu'on les pousse en avant... Le frémissement des nations ne devrait-il pas leur rappeler que Rome ne dut jamais suivre les révolutions, mais les précéder toujours et les inspirer? Le christianisme n'a-t-il pas frappé de déchéance les privilégiés, en disant à tous les hommes : « vous êtes égaux ». Pourquoi la Papauté moderne s'obstine-t-elle alors à ne pas aider les peuples à exécuter ce jugement social du Christ ?...

XXIX

. . . .

Des hommes qui veulent faire les entendus parlent sans cesse de l'indifférence de notre siècle en matière de religion : pour moi, cette assertion est complètement erronée. Rarement au contraire, une époque ne s'est adonnée aussi généralement que la nôtre, aux discussions philosophiques et religieuses.

Si l'on doit adresser un reproche à notre siècle, ce n'est pas le reproche d'indifférence religieuse, mais bien celui de s'occuper trop et sans connaissance de cause souvent, des questions les plus transcendantes du domaine philosophique ou du domaine théologique. On traite les questions les plus ardues avec une facilité inouïe, et l'on donne le dernier mot de toutes les difficultés qui pendant des siècles ont divisé théologiens et philosophes, avec la tranquillité la plus satisfaite et la plus sûre d'elle-même...

Non, comtesse, personne ne reste indifférent dans notre société aux choses religieuses. Cependant si l'on entend par indifférence religieuse l'abstention dans les pratiques extérieures du culte, je suis obligé d'avouer que les églises ne sont pas aussi fréquentées qu'elles pourraient l'être; mais que cette abstention, un peu générale peut-être chez les hommes surtout, soit une preuve d'indifférence réelle, voilà ce que je nie...

Voyez en effet ce qui se passe. Il n'est pas un homme de ceux-là mêmes qui font de Zola et de Belot leur lecture favorite et quotidienne, qui ne vous parlent à leur heure de Renan, de Littré, de Franck...

Il est bien entendu que ce que ces braves gens ont lu des livres de ces messieurs, ne constituerait pas comme étendue, un seul numéro du *Petit Journal;* mais enfin, ils connaissent les noms des écrivains dits positifs de notre époque; ils n'ignorent pas le titre de leurs ouvrages principaux, les grandes divisions de leurs traités, les tendances générales de leur esprit; aussi, n'hésitent-ils pas à discuter et à discuter même avec passion, sur la foi des conclusions et des données de la causerie bibliographique de leur journal à 20 centimes, le pour et le contre des thèses les plus abstraites et les plus nébuleuses... Or, pourquoi s'intéresse-t-on aux publications de ce genre? Parce que les thèses qu'elles contiennent traitent de questions abstraites...

On s'intéresse à cela... parce que l'on sent qu'une immense et radicale modification religieuse et humanitaire se prépare dans les nimbes de ce monde spéculatif...

Toutes les questions religieuses et philosophiques agitent profondément notre société en apparence si frivole et si légère, mais au fond plus anxieuse qu'on ne le croit. Elle sent que de vagues mais terribles problèmes sociaux et religieux sont posés, et elle donne la preuve et le degré de l'intensité de son épouvante par la curiosité fébrile qu'elle apporte à connaître tout ce qui de loin ou de près, se rapporte aux solutions de ces questions...

Comprenez-vous alors pourquoi les déclarations pontificales qui ont une connexion si absolue avec les questions sociales, puisqu'elles les enfantent, les arrêtent ou les sanctionnent... comprenez-vous à présent pourquoi les déclarations pontificales émeuvent si profondément la société depuis son sommet jusqu'à sa base...

Lorsqu'en 1738, Clément XII dénonçait au monde les dangers que les francs-maçons devaient un jour faire courir à la religion, n'y eut-il pas alors un immense frémissement?

Lorsqu'en 1826 Léon XII renouvelait les avertissements de Clément, ne constata-t-on pas la même agitation générale?

Lorsqu'en décembre 1864, Pie IX promulgua sa bulle si célèbre : *quanta cura,* la presse européenne et la plupart des gouvernements ne considérèrent-ils pas cet acte comme une déclaration de guerre et comme une éclatante protestation contre la société actuelle?... Les colères que souleva l'apparition de cette bulle ne sont même pas encore apaisées.

Aussi Napoléon, avec son coup d'œil d'aigle avait-il essayé, déjà en 1801, de restreindre en France l'effet de toute parole pontificale en portant prohibition dans son Concordat, de publier une bulle ou un bref apostolique sans l'autorisation du gouvernement, comme si une loi pouvait arrêter l'essor de la pensée et la vulgarisation d'une idée!...

Mais depuis quelques siècles, combien de fois Rome a-t-elle fait entendre sa voix! Ou si elle a parlé, sauf une fois ou deux, a-t-elle parlé autrement qu'en hésitant et comme en tremblant!

Les mesures plus légales que légitimes que prennent les gouvernements contre la diffusion de la parole pontificale, ne sont-elles pas une preuve des craintes que Rome leur inspire et des embarras qu'elle pourrait leur créer même chez eux!... Alors, pourquoi la Papauté semble-t-elle redouter de séparer ses intérêts des intérêts monarchiques, et pourquoi hésiterait-elle plus longtemps à s'unir à ceux dont le passé et surtout les grands événements de demain font naturellement ses alliés... aux peuples?...

Pour écouter Rome, les partis font trêve... Sa voix domine le bruit des batailles et des tempêtes politiques; elle retentit d'un bout du monde à l'autre et d'un bout à l'autre bout de l'histoire. Qu'elle proteste ou qu'elle affirme, nul ne reste indifférent à cette grande voix parce qu'elle est l'expression surhumaine d'une pensée et d'une vue d'ensemble dont l'histoire la plus hostile même n'a jamais pu nier le caractère presque prophétique. Et alors pourquoi Rome doute-t-elle d'elle-même?...

. . . .

Si je parais me contredire parfois dans cette lettre, comtesse, en restituant avec enthousiasme à certaines institutions une grandeur et une majesté que je leur refusais naguère, c'est qu'il me semble que ces institutions ne sont pas restées toujours à la hauteur où je les avais vues en certains âges de l'histoire, c'est que pour moi elles glissent volontairement et sans cesse par leur faute, du haut de la majesté, où je les avais saluées...

Je me prends à les haïr, quand je les vois même de loin, sacrifier aux événements et aux mesquines exigences d'un siècle; il me semble alors qu'elles se rapetissent et qu'elles m'ont volé les adorations dont je les poursuivais aux jours glorieux de leur passé. Il y avait dans l'amour que je portais hier encore à la Papauté et à l'Eglise quelque chose de cette tendresse froissée et humiliée que l'on conserve malgré soi, pour une femme aimée, qui vient de faillir aux serments qu'elle faisait naguère...

La comparaison est étrange mais elle est d'une exactitude rigoureuse...

Et aujourd'hui, comtesse, l'Eglise ne m'est plus rien...

XXX

Depuis longtemps l'Eglise ne s'occupe plus de son empire ni de la diffusion des vieilles traditions qui jadis firent sa force : je vous ai établi cela assez longuement, je crois.

Elle ne s'occupe plus du prêtre, cette partie intégrante d'elle-même...

Sans cesse elle a défailli aux serments qu'elle nous avait faits; elle viole le contrat mais elle le maintient obligatoire pour nous...

Dans quelques pages précédentes, je vous ai parlé du prêtre, permettez-moi une fois encore de revenir sur ce sujet...

Il est deux choses terribles dans notre existence sacerdotale; deux choses que le monde ne comprendra jamais, parce qu'il lui est impossible d'en saisir ni le caractère ni les conséquences; je veux parler de la solitude et du célibat...

Transportez-vous par la pensée dans un de ces petits presbytères que vous connaissez...

Le soir tombe et le prêtre vient de rentrer chez lui. Il est dans sa chambre et il retourne pour la millième fois les volumes qu'il a parcourus et les feuilles sur lesquelles il a jeté des notes. Au dehors le vent souffle et la neige tombe. Le prêtre s'assied devant son feu qu'il tourmente du bout du pied ; il regarde la flamme qui siffle, grimace et monte... Quelles pensées peuvent l'occuper? Sa vie est calme et paisible; les quêtes sont fructueuses; les offices fréquentés; les paroissiens, gens de foi, aiment et vénèrent leur curé. Que peut-il désirer, ce prêtre? Et pourtant, sur son front des rides profondes s'étendent d'une tempe à l'autre; ses cheveux ont blanchi, et souvent des soupirs gros de douleurs soulèvent sa forte et vaste poitrine... Y a-t-il en un repli de cette âme quelque mystère caché..., quelque souvenir mal enseveli s'éveille-t-il en lui?... Non, ce prêtre se courbe sous le poids de la solitude qui l'environne de toute part, et un sentiment vague, indéfini, l'oppresse...

Eprouve-t-il un regret d'être ce qu'il est? Non... Et pourtant, il est agité et tourmenté dans les profondeurs les plus intimes de son âme... Le sentiment qu'il éprouve ressemble à de l'inquiétude et ce n'est pas de l'inquiétude, pas plus que ce sentiment n'est de l'agitation dans le sens strict du mot... C'est un trouble mystérieux et comme un allanguissement... En ces heures-là, suivant la nature de celui qui ressent ce trouble, ce trouble se traduit extérieurement par des violences et des emportements ou par une immense mélancolie que seule peuvent soulager les larmes secrètes... Les natures violentes se laissent aller à des irritations et à des colères qu'aucune cause apparente ne justifie; les natures douces et délicates ont des tristesses dont on rechercherait vainement les motifs en dehors de celui qui souffre... Dans cet état de l'âme, la prière devient impossible; l'étude est indifférente; les distractions extérieures sont odieuses; insensible à tout, le prêtre alors se replie sur lui-même et parfois il se prend à rêver...

Ah! le rêve d'un prêtre, comtesse... le rêve d'un prêtre, combien peu il ressemble aux rêves des autres hommes!

L'homme du monde, quand il rêve..., rêve fortune, ambition satisfaite, amours violentes..., que sais-je, moi... Quand il rêve, le prêtre, c'est tout un autre monde que son imagination parcourt... Le milieu mystique dans lequel il vit a développé en lui des sentiments plus doux que ceux de l'homme du monde; il lui a permis aussi de conserver plus pures et plus fraîches les premières illusions et les premières émotions de son âme... Certains prêtres même atteignent parfois le milieu de la vie sans qu'un souffle étranger ait défloré les rêves qui leur ont souri... Le prêtre conserve avec un soin religieux les premières impressions de sa vie; il aime à se les rappeler, et au milieu de sa carrière si pleine de mystères, il les évoque et les revoit avec bonheur passer et repasser devant lui, avec leur cortège de joies et d'espérances évanouies... Et il rêve.

Tant que dure le rêve, vous pourrez suivre sur les lèvres du prêtre et voir briller au fond de ses yeux un sourire étrange et indéfinissable : le prêtre est en dehors de lui; d'un pas discret, il revient dans le passé qui n'est plus qu'un songe; puis, avec une curiosité béate et juvénile, il avance à travers des régions inconnues qu'un aveu fait au confessionnal lui a parfois révélées, mais dont il se défie; il sait ces régions parsemées d'écueils et pleines de dangers; il en a peur; il les redoute et pourtant il voudrait les entrevoir un peu plus nettement qu'à travers les brouillards dont son inexpérience les lui gaze. Mais bientôt il craint d'être allé trop loin et il a hâte de revenir sur ses pas. Et de nouveau comme le gouffre attire, l'inconnu l'attire. Appuyé sur son christ, il se croit fort et il jette un regard, puis un autre regard sur le monde qui se déroule à ses yeux et qui s'illumine de mille clartés magiques. Il avance, il avance et il est bien loin, quand il s'aperçoit qu'il a franchi depuis longtemps déjà, les mystérieuses limites qu'il avait promis de ne jamais approcher même. Il pousse un soupir; il semble s'éveiller et de nouveau il foule d'un pied lourd et pesant la terre froide sur laquelle s'écoule sa vie. Son existence alors lui paraît terne et sans but, et la vallée de larmes au fond de laquelle il marche, se montre à lui plus triste qu'autrefois encore.

C'est que deux choses qu'il sera obligé de supporter jusqu'à la fin, viennent de le rappeler à lui en l'écrasant de tout leur poids, et ces deux choses se nomment : la solitude et le célibat...

Il est impossible au prêtre intelligent de se faire illusion : une solitude absolue l'environne et rien ne la rompra...

Si quelques heures de retraite sont favorables à l'âme et à la réfection de l'intelligence, une retraite prolongée, — et la solitude du prêtre est une retraite éternelle, — une retraite prolongée, est dangereuse et souvent mortelle pour l'homme parce qu'elle développe en lui des tendances, des idées et des goûts qui s'exaltent à l'infini... Et pourtant, le mot de la Bible : *Vœ soli...*, malheur à celui qui est seul, était aussi bien fait pour le prêtre que pour celui qui vit en dehors du sacerdoce !...

Ah ! si vous saviez, comtesse, que de folies et d'horribles extravagances enfante la solitude !

La solitude qui pèse sur le prêtre, rien ne saurait la lui adoucir, ni ses rapports avec le monde, parce que ces relations ne sont que des relations de surface et de forme ; ni ses rapports avec les prêtres du voisinage, parce que les relations qui unissent les prêtres entre eux ne sont que des relations manquant sans cesse d'intimité et de franchise ; ni les études, parce que les études ne peuvent remplir à elles seules certains vides du cœur humain ; ni la prière, comtesse, car la solitude crée le découragement et le découragement éloigne de Dieu la plupart des âmes même les mieux trempées...

La seconde chose qui écrase le prêtre d'un poids tout mystérieux, et il faut le dire, celle à laquelle il se soustrait le plus facilement, soit sous une forme platonique, soit sous une forme plus positive et moins idéale, c'est le célibat.

Je ne dépoétiserai certainement pas le prêtre au point de le représenter sans cesse en lutte contre ses sens révoltés ; non, je laisserai même de côté les idées et les expressions qui sont la conséquence naturelle et logique d'une discussion sur le célibat ; je ne me propose au reste de n'envisager le célibat qu'au point de vue de la situation morale qu'il fait au prêtre...

Les sens jouant chez le prêtre un rôle moins grand que beaucoup de gens ne le supposent, le prêtre est surtout atteint moralement par le célibat, je dis... moralement...

Tant qu'il est jeune, les exercices religieux, les dîners avec les confrères, les courses à travers les montagnes, et une insouciance naturelle apportent au prêtre une certaine somme de distractions qui sont suffisantes pour lui donner le change sur sa position.

Mais qu'arrivent quarante ans?

Alors les choses changent : l'insouciance a disparu, la réflexion est venue avec l'âge et les désillusions; la santé est ébranlée; les exercices religieux ont perdu beaucoup de leur poésie des premières années; l'église elle-même n'a plus guère d'écho; les courses deviennent plus pénibles; le caractère s'est assombri; on éprouve le besoin d'être chez soi...

Or, voilà que l'on y est chez soi... Mais quelle vie, Seigneur, le prêtre mène-t-il chez lui?...

Face à face avec une mercenaire bavarde, curieuse, souvent fausse, il devra se contenter jusqu'à la fin, du service irrégulier de cette femme qui souvent le compromet au dehors par sa bêtise ou sa jalousie. Toute servante de curé est jalouse de son maître... Il sera obligé de porter toutes les clefs de ses meubles sur lui et d'attendre le facteur à la porte de son presbytère afin de recevoir directement ses lettres...

Petites questions, me direz-vous... Petites questions!... petites questions qui constituent la vie, comtesse...

Espionné sans cesse, il ne peut ni sourire, ni parler, ni se taire, que l'on n'en interprète la cause avec une indiscrétion perfide.

Dans quelle âme épanchera-t-il son âme? A qui ouvrira-t-il son cœur? Quelle voix amie le relèvera aux heures sombres? Quelle main se tendra vers lui aux jours de découragement?... Son foyer est solitaire et il restera solitaire jusqu'à la fin, sans qu'un être aimé puisse venir s'y asseoir jamais... La loi s'y oppose. Et pourtant, quand il sent le froid de sa chambre l'envahir, il ne songe ni à un gracieux fantôme humain, ni à un être fait de sourires et de grâces; sa pensée attristée ne cherche et ne demande qu'une âme simple, bonne et douce, sans souci du corps que cette âme pourrait animer. Son rêve ne va pas au delà.

Ce désir et cette tristesse qu'ont-ils de criminel? Ils sont criminels, répond Rome; car, vous promîtes jadis de ne jamais laisser errer un regard même sur ce monde que Dieu vous a fermé!...

. . . .

Autrefois, comtesse, le célibat était une grande et magnifique chose quand la vieille Rome apostolique livrait les superbes batailles, qui établirent partout son règne et sa domination.

Le célibat alors n'était pas un poids; il donnait au contraire au prêtre une énergie puissante pour supporter la lutte et un courage nouveau pour affronter les périls et les dangers : on mourait sans regret; car, on savait que derrière soi, on ne laissait rien qui dût pleurer, rien qui dût souffrir...

Autrefois le célibat était une grande et magnifique chose, lorsque la vieille Rome, à la tête de ses bataillons sacerdotaux, montait à l'assaut de l'Empire et des trônes.

Alors on n'avait ni le temps de rêver ni le temps de regretter, ni le temps de s'attrister dans le silence d'une cure de campagne.

On se donnait tout entier et on se donnait avec volupté; car, Rome elle aussi se donnait tout entière à l'accomplissement de son œuvre divine : le divin contrat qui liait le prêtre à l'Eglise, liait aussi l'Eglise à ses prêtres; aussi personne ne songeait-il alors à se soustraire à l'accomplissement de ses devoirs... Nous sentions que notre cause était la cause de Rome.

Mais aujourd'hui, comtesse, sous prétexte que les temps sont changés, l'Eglise vit dans une béate opulence, et du contrat qui nous lie à elle, elle n'a laissé subsister que les charges qui nous écrasent. Aussi comme je m'explique nos désastres successifs et comme tout cela me fait voir l'avenir à jamais perdu...

. . . .

Et moi qui jadis étais si hostile à tout principe, à toute idée qui aurait pu donner à l'Etat l'ombre d'un droit d'immixtion dans l'Eglise; je me demande aujourd'hui jusqu'à quel point les gouvernements quels qu'ils soient, n'auraient pas le devoir de soutenir, en lui faisant rendre justice, le bas clergé contre le haut clergé et la cour romaine?...

A qui, sinon à l'Etat, le prêtre seul, isolé et sans patron, pourra-t-il en appeler, des lois ecclésiastiques violées ou abrogées sans motif, par ceux-là mêmes dont la plus sacrée des obligations serait de les respecter?

Les lois qui assurent leurs privilèges, les évêques les retiennent; les lois qui déterminent nos droits, ils les suppriment, et c'est ainsi qu'ils ont infirmé, sans respect pour les conciles, toutes les parties du droit canon qui pouvaient nous donner des garanties contre leur arbitraire!

Or, qu'est-ce qu'un évêque?...

N'a-t-il que des droits, que des privilèges, des titres seigneuriaux? Na-t-il droit qu'à une meuse plus ou moins rentée? N'a-t-il point de devoirs et de charges? N'est-il point juge de la foi, et comme tel ne doit-il point s'informer de la manière dont on instruit les peuples et comment on propage la doctrine catholique? Ne doit-il point la défendre par les écrits et la parole? Comme père de son clergé, n'est-il pas tenu d'avoir pour nous sollicitude et respect? Son palais ne doit-il pas être ouvert à tous? Et l'évêque n'est-il point obligé en conscience de songer parfois aux plus humbles de ses coopérateurs?...

Non...

Ah! comtesse, en parlant de l'indifférence des prélats à notre égard et de leur amour du bien-être, je me rappelle le sens odieux mais juste que le peuple dans son bon sens a ajouté à un verbe qui, primitivement ne devait pourtant signifier que l'acte d'accomplir les fonctions épiscopales...

. . . .

. . . .

. . . .

J'ai longtemps hésité, comtesse, à ajouter au chapitre que je consacre au célibat ecclésiastique, un singulier appendice... Oui, vraiment un singulier appendice, je vous assure, et qui pourrait vous prouver les honteuses insanités qui germent parfois dans certains cerveaux religieux.

Quoique fort délicate, cette histoire, il faut que je vous la raconte par le menu. Elle est authentique, voilà ce qui la rend et plus triste et plus intéressante...

Avez-vous entendu parler des mariages mystiques?...

Depuis le mariage de la Vierge Marie avec le

Père Eternel, beaucoup de saintes et de personnes pieuses ou aliénées, ont éprouvé le besoin de contracter avec Dieu de semblables unions...

Il y a à Lyon, parmi les curés des premières paroisses de cette ville, un homme qui longtemps a été dévoré de cette étrange et lubrique manie d'unir ses pénitentes, — je parle des jeunes, des belles et des passionnées, — à notre Seigneur Jésus-Christ...

Voici comment le saint homme procédait...

A peine avait-il distingué parmi les jeunes femmes qui lui accordaient leur confiance, une âme ardente, excentrique et quelque peu histérique, aussitôt le béat personnage s'empressait de commencer ainsi, les yeux baissés ou voilés, la voix tremblante et le corps tout agité...

— Ma fille...

— Mon père...

— Ma fille...

— Mon père...

— Ma fille... vous est-il arrivé parfois... euh!... euh!... parfois...

Ici la respiration du saint homme devenait bruyante et saccadée...

La gorge de la pénitente se desséchait... La chrétienne comprenait que son directeur allait lui ouvrir et lui découvrir, pour le bien de son âme, des horizons nouveaux et pleins de mystères...

— .... Parfois, reprenait le curé..., parfois... euh!... de sentir en vous... euh!... de ces tressaillements étranges... euh!... qui... euh!...

— Mon père... mon père... ah!... ah!... parlez, mon père... ah!...

— Parlez, ma fille... euh!...

— Ah! parlez, vous-même, mon père... ah!...

— L'esprit du mal, ma fille... euh!... comme il fait parfois des ravages, et comme il sait... euh!... profiter des choses qui... euh!... euh!...

— Ah! mon père... ah!...

— Eh bien... opposons à l'esprit des ténèbres... l'esprit de lumières... euh!... lumière, n'est-ce pas? ma fille... euh!... introduisons... euh!... dans les profondeurs... euh!... les plus intimes de notre être... ces effluves divines... mystérieuses... euh!...

— Ah! mon père... ah!...

Et le cuistre, — qui, je vous le répète, est aujourd'hui un des premiers curés de Lyon,— le cuistre, quand il avait ainsi longuement troublé l'entendement, l'imagination et les sens de sa pénitente par ses ignobles et infects sous-entendus, par ses libidineuses équivoques et ses honteux quiproquos, le cuistre proposait alors à la jeune femme bouleversée par ces surexcitations malsaines, de l'unir au Dieu de chasteté et d'amour...

Et la petite scène commençait...

Dans la partie la plus mystérieuse et la plus discrète du jardin de sa silencieuse et muette aumônerie, l'abbé K... faisait agenouiller sa pénitente et récitait avec elle une prière étrange où se trouvaient accolées les expressions les plus inouïes de la piété la plus malsaine et de la passion la plus effrénée...

Quand cette invocation qui achevait de jeter le trouble dans le cœur de la malheureuse, était terminée, la femme s'étendait sur le sol...

— Ma fille... confiance... confiance absolue... je vais vous unir au divin époux...

Et alors l'abbé K... découvrait la poitrine de la pauvre folle, et déposant sur ses seins nus, un corporal consacré...

— Courage... ma fille... voilà l'Epoux... euh!... euh!... Colomba, formosa mea, in foraminibus patræ... euh!... euh!... Cantique des cantiques... euh!... Ah! que Jésus est bon... Oh! ma fille... euh!... Vive Jésus!... Vive Jésus-hostie... euh!...

— !!!?

. . . .

. . . .

Un soir, je passais devant l'aumônerie de l'abbé K...; une pauvre malheureuse sortait de chez ce priape ecclésiastique; elle était rouge et honteuse, et malgré sa voilette soigneusement baissée, je vis à son visage contracté et sillonné par les larmes, qu'elle n'était déjà plus dupe des jongleries du satyre et qu'elle se sentait profondément souillée...

Quel homme du monde si dépravé qu'il soit, pourrait rendre des points à l'abbé K..., curé de Lyon? Et combien d'autres mystères tout aussi monstrueux, je pourrais vous conter, comtesse! Après ce fait, je puis m'arrêter pourtant, n'est-ce pas?...

DEUXIÈME PARTIE

LE FANTOME DIVIN

Le fantôme divin.

Me voilà arrivé, comtesse, à cette seconde partie de ma lettre que je vous annonçais au début de ce travail... Parcourez quelques-unes des lignes qui suivent, je vous prie, et vous vous apercevrez bientôt que pour moi tout ce qui précède est du pur accessoire...

En présence des grandes agitations qui ébranlent mon âme, mon esprit et mon cœur, que deviennent en effet, les questions politiques, les colères pontificales, l'affaire des nonces et les discussions sur les vocations ecclésiastiques?...

En présence de ce grand problème, qui depuis l'origine des temps, se pose — et reste insoluble, — à toutes les intelligences humaines; qui, depuis des milliers et des milliers d'années, les bouleversent jusque dans leurs profondeurs les plus intimes; que m'importent les encycliques, les brefs et les congrégations romaines?

Tout ce monde restreint ne s'évanouit-il pas devant cette formidable et absorbante question :

Y a-t-il de la vie par delà le tombeau?...

Ah! comtesse, pardonnez-moi d'avance; car, peut-être cette fois encore vais-je émettre un avis et une manière de voir diamétralement opposés à toutes vos croyances, à toutes vos espérances les plus chères et à tous vos rêves les plus poétiques, les plus consolants et les plus gracieux...

Comme vous et durant de longues années, j'ai cru entendre une voix répondre à mes prières et fixant par la foi, mon regard dans les profondeurs des cieux, j'ai cru découvrir comme un être merveilleux qui m'attirait à lui... Il m'a semblé parfois sentir son souffle passer sur ma face... Et agenouillé, j'adorais sa majesté... J'entendais sa parole au milieu de la tempête; sur les vagues bruyantes, elle flottait mystérieuse et je la retrouvais dans le calme et l'harmonieux silence des forêts...

Puis, un jour, mon regard s'abaissa sur le monde; je relus, homme, l'histoire que j'avais parcourue enfant; je m'examinai moi-même, puis j'examinai ceux qui se disaient les intermédiaires entre Dieu et nous... Je prêtai l'oreille aux appels inécoutés de tant de générations à la Providence... Je vis tant de sang répandu au nom de Celui que j'avais cru entrevoir dans mes rêves, si beau, si brillant et si bon... Je vis tant de crimes inonder la terre et tant de mystérieux brouillards voiler la conscience humaine... Je vis tant de larmes répandues, tant de désespoirs, tant de morts épouvantables et prématurées... J'entendis tant de cris déchirants et tant de sanglots...

Et au milieu de cette brume ensanglantée et dans ce concert de prières folles de foi, d'appels sublimes et de cris désespérés, je vis Dieu si calme, si froid, si indifférent et si impassible, que sa figure et sa raison d'être, s'évanouirent et que depuis je ne le revis plus jamais...

Dieu, comtesse, est une illusion; c'est un mirage trompeur qui brille aux yeux de l'humanité et qui n'a d'autre origine que notre imagination...

Ces questions-là, je les ai lentement et froidement étudiées; je les ai prises, puis abandonnées, puis reprises encore... Au début, elles me donnaient comme un vertige immense, qui faisait chanceler mon intelligence et ma raison; et, à la longue, je me suis habitué à tous ces prétendus flamboiements, à toutes ces prétendues hauteurs, et je n'ai pas tardé à voir que les espaces ne renfermaient que le silence et le vide...

Je n'ai pas tardé à voir que les grandes thèses

ne voilaient que des assertions et des mots, et que les plus grandes démonstrations ne reposaient que sur les affirmations d'un mystificateur éloquent et sur la crédulité d'auditeurs qui ont successivement accepté le pour et le contre dans toutes les questions que l'on traitait devant eux...

La croyance en Dieu n'est point utile à l'homme, au reste...

Si elle était utile à l'humanité, Dieu en supposant qu'il existât, laisserait-il croupir tant de peuples, depuis tant de siècles, dans leurs religions sanguinaires ou absurdes? Aurait-il laissé l'homme à l'époque la plus brillante de son histoire, diviniser les forces de la nature et chacune des passions humaines?... Si réellement il eût parlé à l'homme et s'il se fût réellement manifesté à lui au premier jour de la Création, pourquoi, quatre mille ans plus tard, fût-il venu sur la terre pour modifier ses premiers dires et ses premières lois?

Ah! comtesse, si Dieu existait il serait plus grand que cela et surtout il ne trouverait point que le plus agréable des sacrifices, que la plus touchante des adorations sont le désespoir, les larmes, le sang et la mort de la Créature!...

. . . .

Pour expliquer le monstrueux désarroi au milieu duquel l'homme se débat, on dit qu'une première faute fut jadis commise par lui, au jour lointain de son apparition sur la terre... Et l'on ajoute : voilà ce qui explique toutes les anomalies que nous rencontrons en ce monde et toutes les douleurs dont l'homme est là victime...

Quel raisonnement odieux et absurde!

Voyez-vous Dieu, — l'Être tout-puissant, tout parfait, la miséricorde infinie, — gardant à la misérable créature qu'il jeta un jour à son insu sur la terre... voyez-vous Dieu gardant à sa créature une rancune et une haine qui durent inassouvies et implacables depuis six mille ans!...

L'antiquité, comtesse, avait donné à ses Dieux une taille humaine; la Révélation mosaïque et chrétienne a fait Dieu plus petit que l'homme, et dans sa prétendue majesté elle l'a créé plus sinistre que la mort...

Un pauvre petit enfant vient au monde; voyez-le..., ses yeux ne sont pas ouverts encore à la lumière; ni il ne pense, ni il ne songe; il pleure et il plaint... Ses vagissements émeuvent tous ceux qui les entendent... Dieu, lui, hait le petit être, et il le hait parce qu'il vit... Qu'a fait cet enfant si faible, pour s'être attiré le courroux inflexible du Maître du monde, des temps et des siècles?... Ce qu'il a fait?... Lui, personnellement? mais rien... Seulement, le bisaïeul de cet enfant a mangé une pomme, il y a six mille ans...

Ironie!... Ironie!...

. . . .

Que de fois j'ai cherché à me le résoudre ce grand problème du spiritualisme, afin de pouvoir apaiser les douleurs que l'on m'a confiées souvent et afin de faire tomber en mon âme le beaume de la foi justifiée!...

Dans ses mélanges philosophiques, Jouffroy parle d'une certaine veillée sombre et terrible, où le doute envahit à jamais son âme... Cette veillée, comtesse, est l'histoire de ma vie tout entière...

Combien de fois ma pauvre chambre n'a-t-elle pas retenti de mes appels nocturnes à Dieu! Seul, le silence répondait à mes prières; car, c'étaient des prières et des prières vraies et brûlantes que j'adressais au Ciel... Et, tout se taisait; tout autour de moi et au-dessus de moi, restait plongé dans un calme et un repos terribles comme le néant...

Ah! sans doute, je ne demandais pas un miracle; je ne sollicitais pas de Dieu, s'il existait, une nouvelle manifestation!... Ce que je demandais, c'était qu'une voix intime répondît à mes cris et qu'une lumière intérieure illuminât un peu ma pensée...

Mais rien...

Or, que de milliers d'êtres, qui comme moi sont partis de la prière pour aboutir à la négation!...

. . . .

Sur le sommet d'une montagne couverte de hautes bruyères aux baies rouges et parfumées, un homme est debout, le visage appuyé sur ses mains que soutiennent un long bâton, — une sorte de houlette...

L'homme est vêtu de peaux de bêtes...

Son regard inquiet, fauve, suit des troupeaux d'animaux énormes, aux formes étranges, qui paissent au loin dans les vallées, dans les plaines et sur le flanc des coteaux...

Cet homme, est le premier homme; c'est notre premier père...

Hier, il est sorti des mains de la nature et il s'est vu jeté par une main invisible au milieu d'un monde nouveau...

Tout ce qui l'entoure est mystère pour lui...

Il cherche d'un œil qui se trouble d'où viennent les grandes voix du vent, et il se demande avec terreur à qui est ce souffle tout puissant qui épouvante ses troupeaux, fait rebrousser les eaux des rivières et fléchir la tête altière des sombres sapins et des chênes vigoureux...

Dans sa curiosité, il y a de l'effroi, un effroi profond...

Bientôt le ciel se couvre d'épais nuages; le soleil se voile; les ténèbres envahissent les vallées; l'orage gronde au loin; puis, lentement il se rapproche, et tout à coup un éclair immense... une flamme fantastique, brisée, sinistre, sillonne la nue et la déchire...

Une seconde, un silence de mort pèse sur la nature entière... Tout à coup une explosion subite et formidable éclate dans les airs ; c'est la foudre...

Les troupeaux épouvantés ont fui dans les cavernes et sous les rochers ; l'homme stupéfait regarde au-dessus de lui ; ses yeux sont hagards, son front est baigné de sueur...

Sa femme — la femme primitive, — est blottie près de lui, sous un buisson...

Quel est ce feu, quel est cet éclat ?...

Dans les nuages embrasés, le premier homme a cru voir quelque chose comme une figure humaine, mais immense et toute brillante et toute éclatante : un être, mais un être supérieur lui est apparu...

Il l'a vu, c'est sûr, et sa terreur a divinisé son hallucination. Dieu est trouvé, il vient d'éclore de l'imagination de l'homme épouvantée par les grands phénomènes inexpliqués de la nature...

Le pasteur s'agenouille alors ; il baise en tremblant le sol inondé... Voilà la première prière et la première Révélation... L'enfant n'a-t-il pas de ces visions de terreur ?

La femme a vu aussi ce que l'homme a cru voir ; ensemble ils ont supplié l'Être mystérieux de la nue, qui, adouci par les hommages a disparu subitement. Et quand la nature donnera à ces deux êtres primitifs leur premier enfant, ils lui parleront avec terreur de la figure étrange qui apparaît parfois dans les cieux assombris, et ils diront à l'enfant que pour apaiser la colère de l'homme étincelant, il faut baiser la terre...

Et l'enfant croira, et à son tour il répétera le fait merveilleux aux générations qui naîtront de lui, et la tradition sera créée et transmise.

Peu à peu dans la vie silencieuse et recueillie des premiers âges, — âges pasteurs, — l'imagination de l'homme s'exalte, elle devient de moins en moins positive et de plus en plus rêveuse...

Les torrents qui roulent sur des galets brillants entre deux rives de rochers silencieux leurs eaux écumantes et sonores, ces torrents ont une voix aussi et dans un demi-sommeil, l'homme primitif l'entend cette voix étrange... la voix du torrent... Le torrent est habité...

L'homme a perdu un enfant qu'il chérissait; il l'a enseveli au pied de la colline où il aimait à jouer avec les plus jeunes bêtes des troupeaux... Un soir la femme, — pauvre mère, — a vu de loin aux rayons de la lune, son petit enfant posant sur sa blonde chevelure une couronne de fleurs sauvages... Elle l'a vu, sans oser l'appeler, mais elle l'a vu... l'enfant ne s'est évanoui que lorsque les étoiles ont commencé à pâlir aux cieux, quand l'aube a commencé à blanchir le sommet des montagnes...

. . . .

Ah! comtesse, comme le jour chasse les visions!

Aussi toutes les religions ont-elles leur point de départ dans un mystère et le mystère n'est jamais enfanté que par les ténèbres, la nuit et la peur!...

Je suis descendu en moi-même et je n'ai point trouvé Dieu; j'ai interrogé le passé et je n'ai jamais entendu à ce sujet que des affirmations gratuites et de bruyantes déclamations; j'ai étudié les prétendues grandes manifestations divines dans le cours de l'histoire humaine et je n'y ai trouvé que de puissantes manifestations humaines entourées volontairement de mystères et d'obscurités, par un homme de génie...

Si Dieu se fût révélé à l'homme, il se fût révélé sous une forme unique et il n'eût pas été suivant les temps, les siècles et les pays, beauté aujourd'hui et laideur demain; vérité ici, équivoque ailleurs...

Je n'ai jamais trouvé dans l'histoire religieuse des manifestations divines, qu'une forme succédant à une forme et une négation à une affirmation...

Et ceux qui aujourd'hui se sont arrogé le monopole de l'enseignement spiritualiste, qui sont-ils, pour m'imposer leurs croyances?

Sont-ils docteurs?... Non, la première objection ébranle leur système...

Sont-ils seuls moralistes?... Non, tout homme l'est autant qu'eux...

Sont-ils thaumaturges? Hélas! depuis longtemps notre pauvre monde demande à Dieu un tout petit regard, et Dieu reste silencieux dans ses cieux fermés...

La nuageuse figure de la divinité disparaît chaque jour de plus en plus; elle va s'effaçant de plus en plus devant les clartés nouvelles, qui inondent le monde et le mystère s'évanouit en présence de solutions inattendues...

L'incrédulité gagne tout depuis l'enfant jusqu'au prêtre, incapable aujourd'hui d'expliquer la nécessité de sa foi.

Il faut en prendre son parti, comtesse, les dieux s'en vont...

. . . .

Lorsque devenus hommes, nous revoyons les jouets qui ont amusé notre enfance et calmé nos premières douleurs et nos premiers chagrins, nous sommes parfois pris d'une mélancolie inexplicable... Le passé avec son insouciance, le souvenir gracieux des années lointaines, tout cela nous revient à l'esprit, à la vue seule d'une poupée informe ou d'un joujou mutilé... Mais bientôt, de nouveau le présent avec toutes ses sollicitudes, nous apparaît et nous absorbe, et nous ne tardons pas à nous rappeler que le passé n'est plus et que l'avenir est tout...

Au point de vue religieux, il en est de même, comtesse, pour l'humanité...

Depuis des siècles, les années de son enfance sont écoulées...

Que parfois elle jette un regard attendri et plein de souvenirs, sur les croyances qui ont jadis endormi ses premiers chagrins et guidé ses premiers pas, je le veux bien ; mais qu'elle ne perde plus un temps précieux à vouloir ressusciter ce qui ne vécut jamais et qui ne fut jamais qu'un rêve... Qu'elle se souvienne et se répète que Dieu est là où se trouve l'âge d'or,... dans l'avenir, en avant...

I

Il y a quelques années, dans les saulaies d'Oullins, tout près des rives du Rhône, au milieu des launes ombreuses qui longent la route de Vernaison, mourait un bon vieillard : les vents ont depuis emporté la toiture de la petite maison du défunt et les pluies et les neiges en ont miné les murailles dont deux pans sont soutenus encore au matin par un vieux poirier...

A cette époque-là j'étais aumônier aux Dominicaines et parfois j'allais avec mon père, pêcher dans les délaissés du fleuve...

Nous revenions un soir, mon père, ma chienne et moi à notre demeure, lorsque tout près du rivage une voix nous appela : le père Tienne, le vieux ravageur des îles, le plus fin filet d'Irigny à Givors, nous priait de nous arrêter un instant chez lui, dans son verger...

La lune s'élevait blanche comme lait dans le ciel au-dessus des côtes boisées d'Irigny et le vent du soir apportait dans le petit jardin, où elles mouraient doucement, les harmonies religieuses des cloches de la ville unies au murmure mélancolique des flots du Rhône...

Tienne, assis sur un vieux banc de bois tout auprès de sa porte, nous avait épiés au passage pour nous prier de manger avec lui cette traditionnelle murette que tous apprécient, mais que seuls savent accomoder les bateliers et les riverains...

La petite fille de Tienne, celle que l'on appelait poétiquement avec raison, à cause de sa chaste et merveilleuse beauté, la vierge des launes avait apprêté la table dans la petite salle carrelée...

Et les rayons de la lune glissaient comme des larmes d'argent sur les feuilles humides des arbres et envahissaient avec un charme plein de mystère les rives lointaines et les lointains coteaux...

C'était un vieux et rude philosophe que Tienne ; il avait parfois de ces arguments étranges qui d'un mot vont ruinant d'un coup les syllogismes les plus scolastiques dans le fond et les plus réguliers dans la forme... Quand je dis scolastiques, vous me comprenez, comtesse, n'est-ce pas ?... Tienne ne se payait pas de mots : c'était un penseur et de plus une de ces âmes aussi discrètes que pénétrantes...

Le soir dont je vous parle, le vieux pêcheur était plus grave que d'habitude et le regard dont il suivait sa gracieuse enfant avait une expression de mélancolique tendresse.

— C'est ma fin, dit-il, et voilà pourquoi je voulais vous voir.

Le vieillard en parlant ainsi avait jeté un coup d'œil autour de lui pour bien s'assurer que sa fille ne pouvait l'entendre. Or, tout près de nous, la vierge des launes debout, pleurait en silence, les yeux fixés sur les flots qui passaient...

— C'est ma fin, je le sens, quelque chose me le dit... Les premiers jours qui suivront mon départ, venez voir la petite qui sera bien seule... Oui, elle sera bien seule... N'étais-je pas son monde et tout son univers ? Ça n'a plus de mère, ça n'a jamais eu de père... pauvre enfant... Et puis, moi absent, quel avenir lui est réservé ?... Son père se noya en voulant sauver un marinier; sa mère devint folle de douleur et elle se jeta un matin dans le Rhône... Ma pauvre vieille ne tarda pas à suivre sa fille au tombeau... J'entends parfois la voix de mes défunts qui m'appelle ou plutôt je crois entendre leur voix... Si mon fils, le plus jeune me fût au moins resté !... mais ils me l'ont tué sous les murs de Rome... pour rendre sa couronne au pape, ils m'ont pris mon enfant... Et voilà que la petite va être seule... toute seule au monde... mais là, bien seule....

Le père Tienne se tut et, sur sa figure ravagée roulèrent de grosses larmes silencieuses...

— Je m'en vais, et dire que je ne verrai plus jamais celle-là, et il tourna son visage vers le rivage où la vierge des launes pleurait dans l'ombre... et dire que je ne la reverrai plus jamais... jamais... pas plus que je n'ai revu ceux qui m'ont précédé... dans la terre... Et, quand la pauvre enfant viendra prier et pleurer sur ma fosse, elle croira que ses prières me soulageront et que je verrai ses larmes, tandis que mes yeux seront fermés à jamais et que je serai bien mort pour toujours... comme les miens,... car, pas une fois ils ne m'ont répondu alors que dans la nuit, la petite dans mes bras, je les appelais sur les bords du Rhône, à travers les oseraies et les saulaies... Mon chien épouvanté me suivait en hurlant à la mort; la petiote me serrait le visage de ses petites mains et elle pleurait;... la chouette me répondait des îles... Seuls, mes défunts continuaient à dormir en silence... les uns dans les eaux du fleuve, les autres au cimetière;... l'autre, mon plus jeune, les membres épars et mutilés dans quelque prairie romaine... Et pas une fois votre Dieu n'a eu compassion de moi, ni de l'enfance de ma petite... Il m'a laissé errer là où j'ai voulu, la nuit et partout où mon désespoir me poussait... Ah! mon Dieu à moi, savez-vous où il est?... Il est là,... et le vieillard étendit sa main desséchée vers le portrait de la vierge des launes... il est là et, dans mon cœur qui garde le souvenir du passé...

Et sur les bords du fleuve la vierge des launes debout, pleurait en silence les yeux fixés sur les flots qui passaient...

— Je lui laisse quelque petite chose, mais que la pauvre enfant ne le dépense pas, comme je crains qu'elle ne le fasse, en œuvres pies et en messes afin d'attendrir un Dieu... ce Dieu fait par la main des hommes... A vous, monsieur, je parle en toute sincérité et sans sonder vos croyances il me semble que peut-être nous avons, vous et moi plus d'un...

Le vieillard n'acheva pas sa phrase, il se contenta de me jeter un sourire empreint d'une amère tristesse...

— Si vous saviez ma vie entière, messieurs, et comment le doute puis l'incrédulité sont venus habiter mon âme... Tout jeune, je servis un savant et bon évêque aux angoisses, aux douleurs et au martyre duquel j'assistai jusqu'au dernier moment... Il mourut dans mes bras... Sa fin et ses dernières paroles me révélèrent bien des mystères sur les choses, sur les hommes et sur plus d'une jonglerie humaine... Mais tout cela je l'ai gardé pour moi et jamais un mot n'a pu porter le trouble dans l'âme de mon enfant ni lui dépeupler ces cieux qu'elle croit habités... Vous le voyez, la maison est tout ornée de statues pieuses et il y a quelques mois encore, j'allais à Lyon pour les acheter moi-même à ma petite, — parce qu'ils lui plaisaient, — les portraits des deux derniers papes... Mais ce que j'ai vu dans le monde et les événements dont j'ai été le témoin pendant quelques années de ma vie, ont fait évanouir en moi ce que j'avais cru être la vérité, et ont dépouillé certains hommes et le pape est de ceux-là, de l'auréole que ma crédulité et ma foi première s'étaient plu à lui donner... Distinguez..., vous, monsieur, tant que vous voudrez l'homme de la religion, mais moi je les confonds et je dis que si dans sa vie, le prêtre s'affranchit de ce qu'il nous enseigne et nous impose, c'est qu'il ne croit ni à l'utilité, ni à la divinité de la loi et des croyances qu'il nous prêche... Et si, malgré ses efforts, il succombe sous le poids de la morale catholique, j'affirme que cette morale est alors au-dessus des forces humaines, puisqu'elle est impraticable pour ceux-là même qui ont tout sacrifié pourtant afin de rendre leur vie conforme aux prescriptions de cette morale... Et voilà pourquoi désillusionné ou découragé au bout de quelques années d'expériences ou de lutte vaine, le prêtre devenu incrédule ou indifférend, se livre tout entier aux facilités de la vie, comme Rome, elle, ne s'occupe plus de la poursuite d'un but humain et de la satisfaction de ses terrestres ambitions... Et, vous vous étonnez que la foi déserte les âmes, je suis surpris moi, qu'il y ait encore des croyants...

Cette dernière partie de la conversation avait échappé à la jeune fille, car le vent qui s'était subitement élevé avait violemment emporté de l'autre côté du jardin les paroles du vieillard...

. . . .

A quelques jours de là, la vierge des launes, vêtue comme un jour de fête, ses splendides cheveux ceints d'une couronne de violettes et de roses blanches, pâle, immobile, toujours merveilleusement belle, reposait sur un lit de parade; ses blanches paupières aux longs cils noirs et frisés, couvraient à jamais ses yeux bleus...

Le son funèbre des cloches venait mourir de la colline à la chambre de la défunte.

Une maladie mystérieuse avait enlevé l'enfant en peu d'heures, sans souffrances, la main dans la main de son aïeul et le sourire aux lèvres...

— Grand'père, ce ne sera pas pour longtemps; vous me suivrez bientôt... Vous vous ennuiriez trop sur la terre, à présent que je n'y serai plus... Patience, je vais voir si les cieux sont habités... Quel silence! grand'père...

Et ce fut tout, la vierge des launes était morte. Le vieillard ne versa pas une larme; il garda dans sa main la main de son enfant et son regard se fixa morne et perdu sur le visage de celle qu'il avait tant aimée...

Le village tout entier accompagna à sa dernière demeure la vierge des launes : les jeunes gens marchaient silencieux derrière le cercueil; les vieux mariniers essuyaient une larme du dos rugueux de leurs grosses mains, et les jeunes filles récitaient le chapelet d'une voix tremblante.

Le père Tienne pâle, conduisait le deuil; ses cheveux blancs flottaient au vent...

Le soir des funérailles de la vierge des launes, Tienne le batelier, montait dans sa barque, dans cette barque où tant de fois je l'y avais vu avec son enfant, et il gagnait le milieu du Rhône.

Plusieurs riverains l'aperçurent de loin et entendirent comme le refrain d'une chanson...

Tout à coup la barque chavira et le vieillard disparut dans un des tourbillons du fleuve...

Les efforts que l'on put tenter pour sauver Tienne le batelier, furent vains; il connaissait si bien les délaissés, le vieux Tienne! Ce ne fut que le lendemain soir que son cadavre vint, au soleil couchant, atterrir au pied du petit jardin, tout près du carré de fleurs que cultivait autrefois la vierge des launes...

. . . .

Oui, comtesse, les Dieux s'en vont et rien, je crois, ne les ramènera plus. L'incrédulité pénètre les masses, vous le voyez; car, elles sentent très bien que leurs prières se heurtent contre des cieux fermés...

Les Dieux s'en vont!... Quelle philosophie serait assez puissante, je vous le demande, pour les retenir au fond de l'âme humaine dévorée par des douleurs séculaires? Quelle théologie pourra résoudre jamais les objections que font naître les atroces histoires que je vous conte? Quelles consolations sacerdotales fermeront les plaies de certains cœurs? Et, pour sécher ses larmes, que dire en effet, à l'être sur lequel tombent sans cesse des douleurs immenses et toujours nouvelles? Il est des heures dans la vie, où la vue même du Christ irrite plus qu'elle ne relève, car chacun souffre pour soi...

. . . .

Pour une faute primordiale dont l'humanité a perdu le lointain souvenir et au sujet de laquelle les Religions ont entassé versions contradictoires sur versions contradictoires, Dieu aurait organisé le monde comme il est? Impassible, il condamnerait des millions de générations innocentes à un travail sans fin, et à la mort, pour punir un fait isolé? Et pour se venger d'une erreur et d'un moment d'oubli, il aurait de sang-froid, depuis six mille ans, couvert le monde de sang, d'ignorance, de turpitudes et d'infamies?... Déjà corrompus et affaiblis par le péché, nous recevrions une corruption nouvelle et incessante par le seul fait que nous apparaissons sur cette terre où une volonté arbitraire nous a jetés à notre insu... Mais il y a dans ces raisonnements théologiques un dévergondage d'esprit que seules peuvent expliquer des terreurs insensées !...

Tenez, comtesse, écoutez cette autre histoire, et vous me direz si un ordre intelligent et une puissance sympathique ont jamais présidé à la formation de l'homme et des sociétés...

Un soir, je revenais par la nuit, la neige et le vent de ma pauvre aumônerie, et je marchais aussi vite que l'on peut marcher quand on a hâte de rentrer chez soi et de retrouver sa petite chambrette... Je priais en silence le Dieu miséricordieux de prendre en pitié ceux qui pleurent et de jeter un regard de compassion sur ces épouvantables misères dont seul, le prêtre a parfois le secret,... lorsque des sanglots étouffés éclatèrent à mon oreille...

Je m'approchai, et à la clarté de la lune je découvris accroupie derrière un des saints de pierre qui ornent la façade de l'église, une enfant de quinze à seize ans... demi-vêtue; elle pleurait affaissée...

Longtemps l'enfant ne put répondre à mes questions que par des hoquets déchirants...

Puis, quand cette indicible émotion fut un peu calmée, on me conta une histoire étrange, effroyable où tout se mêlait : la misère, le bureau des mœurs, la piété filiale, le vol, la prostitution et la Seine...

Bien des fois, mon ministère m'a mis en contact avec des douleurs poignantes; mais je l'avoue, jamais je n'ai été atterré comme je le fus par les confidences et le sombre drame dont je vous parle.

L'enfant avait seize ans et la misère l'avait rendue libre; je lui offris un gîte pour la nuit; elle accepta et me suivit en s'enveloppant de mon manteau que j'avais jeté sur ses épaules...

Quelques instants après nous arrivâmes chez Mme de V..., qui, je le savais, n'hésiterait point à donner asile à la pauvre abandonnée...

C'est que Mme de V... est une femme des anciens jours, une de ces femmes dont le type va disparaissant...

Mme de V... abhorre le bruit et les fêtes et pourtant elle est veuve et a à peine trente ans...

Bien autrement belle que la plupart de ces Aspasies catholiques à tournure de coton et aux dents de porcelaine qui font de la charité par amour de la mode, par caprice ou pour gazer une intrigue, Mme de V... s'est depuis longtemps fait un devoir de n'assister jamais à un concert pas plus qu'à une vente ou à un bal en faveur des pauvres... Et Dieu sait pourtant ce qu'elle donne aux malheureux!...

Mais en dansant ou en vendant comme cela se pratique aujourd'hui sous prétexte de charité, une mèche de ses cheveux, elle craindrait de rendre ridicule ou odieux ce grand et magnifique commandement de l'amour du prochain que Dieu a proclamé presque aussi sacré que le premier commandement de son Décalogue.

C'est un spectacle profondément attendrissant que de voir cette sainte jeune femme debout dès l'aurore, travaillant pour les déshérités de la société actuelle. Sa nièce, une enfant de dix-huit ans, vit avec elle et travaille comme elle pour les pauvres et les petits... Et pendant que leur aiguille court rapide, leurs lèvres murmurent une prière en faveur de ceux que Dieu a abandonnés... Et plus d'une fois même, j'ai vu le grand œil bleu de la jeune fille inondé d'une grosse larme qui montait de son cœur au souvenir des misères dont sa tante lui faisait le navrant récit...

Et pourtant que de mystérieux secrets Mme de V... ne cachait-elle pas à la virginale curiosité de l'enfant !... Or, toutes deux travaillaient encore quand je me présentai avec ma pauvre protégée. A la vue de ces femmes dont le chaste et bienveillant regard semblait l'interroger, l'inconnue se reprit à sangloter, et s'agenouillant devant Mlle de V...

— Oh ! mademoiselle, au nom de votre Dieu, faites que je ne retourne plus sur le boulevard...

Et la voix de la malheureuse était étranglée et comme suffoquée, et elle couvrait de baisers et de larmes les mains de Mlle de V... qui pleurait aussi.

Le boulevard et les barrières! voilà tout ce que la loi, la société et toute ce que la charité dansante et parfumée de nos pieuses mondaines avaient pu donner à l'infortunée que recueillait Mme de V...! Et pourtant on avait consciencieusement chanté, valsé, souri, quêté pour la famille de l'enfant! Mais quand les secours arrivèrent, la Seine avait depuis plusieurs jours déjà reçu le corps du père; la mère était morte aussi et l'aînée des enfants, — la malheureuse que le hasard avait jetée sur mon chemin, — l'aînée renvoyée de son atelier, demandait à la débauche publique du pain pour elle et ses petits frères... Dieu et la société, vous le voyez, se montraient pleins de mansuétude...

Le lendemain matin j'allais prendre des nouvelles de ma pauvre petite. Mme de V... était assise au chevet de celle qu'elle avait recueillie la veille et qui déjà se mourait. Mlle de V... agenouillée tenait entre ses mains une des mains de l'enfant et l'enfant la regardait avec un sourire rempli de larmes et de mystérieuses douleurs...

Quelques instants après tout était fini...

La charité mondaine comptait une protégée de moins et la société une victime de plus : Dieu restait indifférent au trépas de la martyre comme il était resté sourd à son désespoir et aveugle pour ses larmes...

Une tristesse profonde s'empara de moi à la vue de ce brusque dénouement et en songeant à cette âme dont le passage en ce monde n'avait été marqué que par la douleur, la misère et les larmes...

Le vent soufflait au dehors avec violence et faisait tourbillonner la neige sur les toits et dans les rues; parfois il murmurait des harmonies étranges et comme de fantastiques concerts que terminait tantôt un sanglot immense, tantôt un cri strident et éclatant. Le jour gris et sombre était rendu plus lugubre encore par la clarté des cierges qui brûlaient auprès de la morte dont la tête un peu penchée semblait chercher encore la chaleur du foyer... Sur le visage de l'enfant qui venait de trépasser, glissa tout à coup une larme froide et silencieuse... Il y avait dans cette larme d'outre-tombe quelque chose de si poignant que je me demandai si l'infortunée n'avait pas découvert là-bas quelque décevant et lugubre secret; peut-être la négation de ce que nous croyons ici...

. . . .

N'est-ce pas, comtesse, que Dieu a une jolie manière de reconnaître ses enfants? N'est-ce pas que la loi est bien en droit aussi de nous parler du respect que l'on doit à l'ordre et à l'harmonie sociale?... Comment une jeune femme oserait-elle se plaindre de la faim, n'a-t-elle pas la prostitution légale?... Comment un homme oserait-il vagabonder dans nos rues et troubler ainsi la digestion des bourgeois par la vue de sa misère, n'a-t-il pas le suicide?...

. . . .

Ne croyez pas que la fin de cette histoire soit due à mon imagination ou à une hallucination momentanée : j'ai vu ce que je vous écris et je vous l'écris parce que je l'ai vu...

Ma pauvre protégée d'un jour avait donc rendu le dernier soupir et versé sa dernière larme; elle reposait étendue sur le lit, immobile et froide...

Le jour s'assombrisssait de plus en plus et la neige plus épaisse, en flocons plus larges, tourbillonnait sous le souffle du vent, en décrivant des courbes de plus en plus mystérieuses et sinistres... Les flèches des églises avec leurs noires dentelles de pierre se dessinaient sur le ciel sombre et dans le fond des clochers, les heures pleuraient leur passage d'une voix de plus en plus tremblante...

Le silence et une demi-obscurité régnaient dans la chambre mortuaire, quand la morte écartant le drap qui la couvrait se releva lentement... Son œil noir et brillant se fixa sur le Christ que la flamme du foyer éclairait d'une rouge lueur, puis il se reposa sur moi, étrange et effrayant :

— Pourquoi tous et vous les prêtres plus que les autres, avez-vous au front cette large tache de sang? me dit la morte d'une voix sombre en me regardant fixement. Ah! oui, c'est le sang des pauvres qui vous marque...

Et l'enfant retomba cette fois sur son lit et elle ne se releva plus...

Elle avait raison, cette enfant, comtesse, le sang des pauvres et des déshérités marque au front la société actuelle pour la désigner aux vengeances futures de nos maîtres de demain, et demain ces maîtres anéantiront avec nos odieuses législations modernes, jusqu'au nom du Dieu théologique et sanguinaire qui les a inspirées et que nous avons inventé et ils substitueront à la charité sacerdotale et mondaine, l'accès pour le pauvre, à des biens et à des droits qui jadis furent communs et qui étaient à tous et qui doivent retourner à tous.

II

J'enterrais il y a bien des années déjà, un oncle dont je n'oublierai jamais la vie et les allures mystérieures.

Ce parent habitait au centre d'une petite ville, une grande vieille maison bourgeoise dont aucun étranger depuis longtemps, n'a plus franchi le seuil...

Au temps de l'oncle déjà et bien avant même que la maison ne fût inhabitée, l'herbe avait tout loisir pour croître entre les pavés des cours et les marches du vieil escalier de pierre, et sauf aux mois d'août et de septembre, — époque à laquelle nous ramenions avec nous, le tumulte, l'été, les rires éclatants et les joyeux soleils, — le calme et le silence le plus profonds régnaient partout chez notre vieux parrain.

Durant dix mois de l'année, les araignées tissaient en paix et en toute sécurité leurs toiles dans les salons et les chambres que visitait seul en tremblant quelque indiscret et fugitif rayon de soleil et la poussière pouvait s'étendre silencieusement sur les meubles en formes antiques ou glisser en s'y accrochant quelque peu le long des baldaquins décolorés ou jaunis par le temps sans avoir à redouter le plumeau de Claudine.

Claudine au reste était vieille et la main de la brave fille était devenue si faible et si débile !...

Penchée sur un travail de couture et c'était tout ce qu'elle pouvait faire, elle fredonnait doucement d'une voix mourante le monotone refrain d'une chanson du passé, pendant qu'assis dans son fauteuil, immobile, les yeux baissés et pensif, l'oncle semblait ne plus rien voir et n'entendre plus rien du monde extérieur et vivant. On eût dit en apercevant le parrain ainsi plongé dans une éternelle rêverie que par un étrange mystère, la vie était suspendue en lui et pour lui.

Un soupir profond et déchirant qui s'échappait de la poitrine du vieillard, les harmonies ou les étranges chansons du vent qui riait dans les serrures ou pleurait sous les portes frémissantes, la voix métallique des heures qui criaient leur passage au fond de la vieille horloge à poids, c'était là tous les bruits que l'on entendît jamais dans la maison de cette rue solitaire.

Le silence et le calme régnaient toujours dans la vieille demeure. Le seul endroit de cette vaste, sombre et silencieuse maison où semblait s'être réfugié un peu de vie et un peu de mouvement, était une longue salle au haut plafond formé d'étroits chevrons peints en gris : l'existence tout entière de l'oncle s'écoulait là.

Depuis des années, déjà, il est à jamais couché dans la tombe et aucun de nous cependant n'a oublié sa grande et touchante figure... Et pourtant, nous étions si jeunes tous, quand il s'éteignit par une froide et grise matinée d'avril ! Il n'est pas un seul de nous qui ne se rappelle sans une certaine mélancolie même le doux et triste sourire dont le vieillard suivait nos yeux, écoutait nos conversations et nos projets d'enfants et accueillait toujours nos petites personnes.

Moi surtout qu'il a tant aimé cet oncle, je sens encore sur ma joue brûlante et dans mes cheveux mouillés par la sueur, sa longue main caressante, lorsqu'après une longue et ardente course à travers nos prés en fleurs, je lui rapportais à Elle toute petite encore, ces jolis papillons rouges ou bleus qu'Elle me désignait en riant, du bout de sa petite main d'enfant.

Pour moi depuis ces années lointaines, j'ai cru bien des fois entendre encore le soupir profond qui échappait à notre parent au milieu de ses rêveries silencieuses et quand je me rappelle l'expression sombre et déchirante que revêtait parfois le visage de celui qui n'est plus, je comprends qu'une douleur plus intime et plus poignante que la maladie veillait au fond de cette âme discrète, car je sais aujourd'hui le mystérieux secret que l'oncle a gardé durant sa vie et a emporté avec lui dans la tombe.

Une époque de l'année surtout rendait régulièrement le vieux parrain plus silencieux et plus rêveur que jamais au fond de son vieux fauteuil.

C'était aux premières fleurs du printemps, aux vents tièdes de mai, lors des gais soleil d'avril, au matin de ces joyeuses journées où de petits nuages blancs dansent gaîment dans le ciel bleu, où les buissons et les haies des chemins creux revêtent leurs feuilles vertes et se parent de leurs roses, que des soupirs plus profonds, plus douloureux venaient mourir sur les lèvres plus décolorées de l'oncle, et jamais, je m'en souviens bien et le comprends aujourd'hui, jamais le regard du vieillard n'était aussi grave ni aussi solennel que lorsque nous lui donnions le baiser matinal au jour béni de Pâques...

Pâques était pour l'oncle comme un mystérieux anniversaire qu'il célébrait dans le silence de son cœur. La vie renaissant partout, la vie harmonieuse, puissante, féconde et parfumée éveillait en lui une idée sombre comme un douloureux souvenir et inondait son âme d'une immense et impénétrable tristesse...

Et pourtant, aux années écoulées de la jeunesse, il avait plus d'une fois salué d'un sourire les espérances qu'enfante l'avenir... Son âme ardente avait rêvé et dans ses méditations enthousiastes il avait vu s'évanouir bien des difficultés et s'aplanir les sentiers ardus de la vie. Bien des problèmes mystérieux s'étaient résolus d'eux-mêmes et en ces heures d'enivrement et de jeunesse, un monde nouveau naissait souvent dans son cerveau, de sa volonté et de ses espérances que rien ne contrariait alors et dans ses transformations vagues et ses développements indécis, créait des circonstances, des hasards merveilleusement arrangés et qui n'étaient pour le jeune homme qu'une source nouvelle de bonheurs réalisables... en songe. Aussi pour lui, les rêves et les aspirations de ceux qui sensibles et inexpérimentés débutent avec ardeur dans l'existence, se réalisaient-ils alors en son imagination, dans ce qu'ils avaient de plus touchant et de plus gracieux : les fantômes flottants du désir eux-mêmes revêtaient à certaines heures pour cette âme passionnée, mélancolique et dévorée par l'inconnu, une forme et un corps, corps grâcieux, formes séduisantes qui ne résistent pas toujours à la réalité...

. . . .

Orphelin de bonne heure, beau, libre, sensible et

relativement riche, il crut pouvoir arpenter la terre à pas de géant et se résoudre bien vite ces X innombrables qui font de la vie la chose la plus mystérieuse, la plus désolante et la plus incompréhensible...

Ses qualités même devaient être pour lui la source de douleurs profondes et sa curiosité puissante et intelligente ne servit qu'à lui voiler encore davantage les causes déjà obscures de ce que son esprit cherchait à découvrir...

Je vous conterai cela plus tard, comtesse...

Enfin un jour, mon parent disparut subitement de notre petite ville : Il avait alors vingt-cinq ans...

Ce qui lui restait de petits parents, le regretta longtemps et longtemps encore plus d'une jeune tante et d'une petite cousine eurent le cœur bien gros au souvenir de l'absent.

Puis, le temps sécha les larmes, les regrets s'adoucirent et les choses de la vie reprirent leur cours.

Toutes les recherches et toutes les démarches que purent faire les curieux pour découvrir les motifs de la disparition et le lieu de la retraite de l'oncle demeurèrent vaines.

Des deux seules personnes qui, dit-on, connurent jamais le secret de l'oncle, l'une, le juge de paix mourut sans avoir jamais permis à qui que ce fût, une interrogation à ce sujet ; l'autre, le fermier du parrain resta sous son air bonhomme impénétrable à tous.

Peu à peu on finit par s'habituer à voir le petit jardin rester sans culture et la maison demeurer close et inhabitée.

Les mois succédaient aux mois, les années aux années sans qu'il ne fût plus que de loin en loin parfois un peu question de l'oncle et enfin même comme par le passé on mourut, on naquit chez nous, on s'y maria tout comme ailleurs, sans qu'on ne parlât plus de l'absent : il avait fini par être oublié ou à peu près.

A la longue les volets verts de la petite maison perdirent leur couleur et sous l'influence des pluies, des neiges et des soleils, ils devinrent gris, gonflèrent, s'entrouvrirent, déjà même ils étaient en morceaux... Bien des tuiles déplacées par les vents, s'étaient brisées sur les toits ; les vitres de la porte d'entrée étaient fendues ou cassées... La haie trouée et à moitié dévorée par les bœufs et les chèvres qui passaient, ne protégeait plus le petit jardin contre les enfants et les indiscrets qui venaient en toute liberté couper l'herbe qui croissait partout dans les carrés et enlever aux quelques arbres qui survivaient le peu de fruits qu'ils donnaient encore. Et déjà même, plusieurs malheureux avaient demandé, — car bien des années s'étaient écoulées depuis la disparition de l'oncle, — si on ne les laisserait pas se retirer-là, lors des hivers, quand un dimanche matin à l'issue de la messe, des passants virent les fenêtres et les portes toutes grandes ouvertes et un filet de fumée s'élever paisiblement de la cheminée en ruines...

L'oncle, l'oncle lui-même, comme autrefois se promenait dans le jardin, mais ses cheveux avaient blanchi, sa haute taille s'était courbée et des rides profondes sillonnaient son visage pâle, grave et amaigri... Immobiles les enfants du fermier suivaient cet inconnu de leur grand œil noir et curieux; la fermière adossée à la vieille muraille pleurait en silence... Le ciel rouge du matin baignait de ses clartés tièdes et dorées la petite maison, les haies et les plantes parasites et la vigne vierge qui tremblait au vent.

Au bruit lourd des passants, l'oncle avait relevé la tête, puis, il s'arrêta et regardant par dessus les buissons en fleurs, du revers de sa main osseuse il essuya deux grosses larmes qui l'empêchaient de voir...

. . . .

Bientôt la maison agrandie et restaurée n'eût plus d'autres hôtes que l'oncle et la silencieuse Claudine... Alors commença pour eux la vie toute de recueillement et de rêveries dont je vous parlais plus haut...

. . . .

Or, voici la cause de la disparition de l'oncle et voici ce qu'il avait fait durant sa longue et mystérieuse absence...

Parti avec une de ces plaies du cœur dont ne guérissent jamais certaines natures, il avait cherché à oublier le souvenir qui le poursuivait, en voyageant, en étudiant, en se mêlant aux événements qui agitaient les pays qu'il parcourait...

Le souvenir du grâcieux fantôme revenait toujours aussi séduisant, mais le fantôme restait toujours aussi insaisissable... Tour à tour musicien et poète : choyé et fêté par toutes les petites cours d'Italie, si voluptueuses, l'oncle pensait trouver l'oubli de sa douleur dans une vie de plaisirs et de romans, mais le souvenir du grâcieux fantôme revenait toujours aussi séduisant et le fantôme planait toujours aussi insaisissable...

Publiciste et écrivain, il vit la fortune lui accorder ses faveurs et ses sourires sous toutes les formes, mais la fortune n'était point ce qu'il cherchait; car, le souvenir du grâcieux fantôme revenait toujours aussi séduisant et le fantôme continuait à planer toujours aussi insaisissable... « La mort, se dit-il un jour, sera la fin de mon martyre »... Bolivar venait de jeter à l'Amérique son appel désespéré en faveur de l'indépendance ; tous les peuples du Nouveau-Monde couraient aux armes; l'oncle quitta l'Europe, se joignit aux combattants et assista à vingt batailles avec un sombre enthousiasme...

Le souvenir du séduisant mais insaisissable fantôme le suivit dans tous les combats et la mort ne voulut pas de lui... Cette âme puissante mais vaincue en appela alors à Dieu, et comme si ce n'en était pas assez d'un amour brisé par la mort à son aurore, comme si ce n'en était pas assez des doutes philosophiques qui tourmentaient son esprit, l'oncle voulut ajouter aux mystères dont il cherchait en vain la solution et à la douleur qu'il essayait d'oublier, il voulut, dis-je, ajouter des mystères nouveaux et de nouvelles douleurs...

Cette nature ardente qui ne faisait rien à demi se donna tout entière à Celui en qui elle espérait trouver le repos et l'éternelle clarté...

On dit que longtemps l'oncle appela à son secours l'étude et la prière, cette double et infaillible évocation de Dieu, selon beaucoup... On eût pu le voir dans le fond de sa cellule, interroger avec patience les philosophes, les penseurs et les théologiens, mais aucune clarté n'illumina jamais les questions, qui se dressaient malgré lui, devant son esprit...

Moins heureux qu'Augustin et Rancé, il pleura et pria dans un navrant délire, mais le calme ne descendit jamais au fond de ce cœur blessé...

Dieu assista impassible au double martyre de sa victime...

Brisé dans son cœur, déçu dans son âme et son esprit, l'oncle se sentit envahir alors par une immense indifférence et il se prit à regarder avec une insouciance profonde, les événements les plus graves qui se succédaient et les faits les plus tragiques qui parfois bouleversent la société... Et ce Dieu qui durant tant d'années avait refusé de l'entendre ; ce Dieu insensible à toutes les tortures de son cœur ; ce Dieu qui s'était acharné à voiler à son intelligence, toute solution, ne fut même plus pour lui, un point d'interrogation suspendu sur les temps, il fut le néant...

L'incrédulité de l'oncle fut logique... Plutôt que d'accuser Dieu d'une barbarie inexplicable et d'en faire un fantôme odieux et absurde, il préféra le nier. L'oncle eut raison. A l'indifférence de la Divinité, l'homme répondit par l'indifférence, et c'était juste...

Ah ! comtesse, si vous saviez ce que c'est que de souffrir toute sa vie et de sentir retomber éternellement inexaucés sur son âme en larmes, les appels et les supplications que l'on pousse vers le ciel !... Quant à moi, je comprends l'oncle... Je laisse aux théologiens le soin de le condamner et surtout la tâche, bien autrement difficile de le réfuter... Une science inaccessible, — et l'étude de Dieu est une de ces sciences, — une science inaccessible, croyez-moi, est une science sans objet..., et un Dieu toujours muet n'est qu'une sinistre et lamentable illusion...

La science de Dieu, ou plutôt la recherche et la la poursuite de la force supérieure qui régit le monde, est selon moi, une poursuite vaine et une recherche inutile...

— Combien d'hommes, comtesse, se sont précipités à la poursuite de cet Être insaisissable et comme le vieil oncle dont je vous parle, l'ont appelé en vain ! Cette force étrange et mystérieuse a halluciné tous les siècles et toutes les générations, sans les satisfaire jamais et sans se révéler à aucun...

Chaque âge et chaque peuple a cru avoir le monopole de la connaissance de la divinité et chaque âge et chaque peuple a vu démentir sa révélation par l'âge et le peuple qui le suivait. Dieu est resté insensible aux rêveries de Platon et silencieux dans la cellule de Thomas d'Aquin ; il a vu le mal succéder au mal, la douleur succéder à la douleur, les générations se noyer dans le sang, en son nom, et il est resté muet aux hurlements des mères et des veuves et aux désespoirs de ceux qui le priaient et qui mouraient pour lui... Car, enfin, à qui Dieu a-t-il parlé?... Si celui qui dans une vision étrange crut découvrir dans le silence des cieux, la splendeur du Père, si celui-là a jeté sur la Croix, ce cri sinistre et désespéré: « mon père, pourquoi m'avez-vous abandonné?...» Si le Christ enfin, à son heure suprême, a vu les cieux fermés, pourquoi l'humanité, elle, s'obstinerait-elle à les peupler plus longtemps de fantômes qui s'évanouissent devant la méditation, comme les rêves de la nuit devant les clartés du jour?...

Pour moi, je ne puis croire à un Dieu, qui fuit éternellement sa créature et qui s'acharne à transformer la vie de l'homme en un sanglant martyre... Pour moi, je ne puis croire à un Dieu qui joue avec les sanglots et le sang de millions de générations et qui glisse — mirage désespérant et énigme sanglante, — devant les yeux en larmes de l'humanité!...

Qu'est devenu le sombre et grand Jéovah d'Abraham? Que sont devenues les divinités gracieuses du polythéisme antique? Qu'est devenu le Dieu mystérieux des Indes et des Druides? Que sont devenues les sylphes et les fées poétiques des âges écoulés?... aux clartés du christianisme, tout cela a fui et a disparu comme le christianisme lui-même disparaîtra devant une dernière et suprême révélation, — l'humanité...

ÉPILOGUE

ÉPILOGUE.

Un vieillard est assis sur le tronçon d'une colonne brisée, qui gît à terre... Ce débris de marbre couvert de mousse, est tout ce qui reste d'un antique et magnifique palais ébranlé par les orages et les siècles, puis anéanti par les révolutions...

Longtemps on admira ce palais; il dominait la montagne...

Les derniers feux du soleil couchant illuminent les collines et les dômes et les théâtres et les citadelles des villes lointaines...

Et le vieillard dont le vent du soir agite la barbe blanche, regarde et écoute...

Il regarde la Cité, qui se déroule à ses pieds et qui étale avec orgueil ses quais, ses places, ses rues et ses monuments...

Il écoute les bruits confus qui s'élèvent de ces

squares, de ces avenues et de cet immense fouillis de maisons et de mansardes...

Et comme un concert étrange, mystérieux, montent jusqu'au vieillard qui songe et qui contemple... des milliers de voix humaines montent... montent... les unes joyeuses et les autres désespérées...

Le peuple pleure et le riche s'amuse... Le riche chante et le peuple sanglote... Et le son des cloches des églises brillantes d'or montait toujours jusqu'au vieillard, en joyeux carillons... le fils d'un puissant du jour, le fils d'un maître de l'ouvrier venait de naître... Le catholicisme célébrait son avènement...

Au prolétaire, des fils étaient nés aussi, mais le catholicisme les baptisait dans l'ombre, tout près de la porte, derrière un pilier...

Et pour l'enfant né sur la paille, les cloches restaient muettes... Un pot de terre ébréché contenant de l'eau saumâtre et glacée bénite à la hâte, une vieille étole, un surplis sale, des prières écourtées..., pour l'enfant du pauvre, c'en était assez...

Il était né sur la paille... Son père portait le bourgeron et sa mère une légère robe d'indienne, aux jours même les plus rigoureux des plus rudes hivers... C'en était assez...

Pour l'enfant du riche, les cloches riaient et chantaient dans leurs demeures aériennes... L'église était illuminée, l'eau bénite tiède et parfumée reposait dans un vase doré que portait un enfant ganté de blanc et vêtu de rouge...

Le prêtre l'avait choisi parmi les plus beaux et les plus gracieux enfants qui lui étaient confiés... Et le prêtre, pour baptiser le fils du riche, priait longuement les yeux levés au ciel, il regardait avec tendresse la tête informe sur laquelle il allait verser l'eau du Sacrement, il touchait avec une volupté feinte les horribles pellicules qui couvraient le crâne du petit millionnaire, — c'était pour lui de blonds cheveux...

Et son étole était brodée, et son surplis du plus fin lin... Pour le fils du riche, il fallait cela, tout cela...

O Christ! ô Christ!... Ton silence n'est-il point la négation de ta divinité?...

Et les derniers feux du jour s'éteignirent aux cieux, et la colline et la colonne de marbre brisée sur laquelle était assis le vieillard, commencèrent à s'éclairer d'une clarté nouvelle... de la clarté mystérieuse de la lune qui va monter à l'horizon...

Le vieillard écoutait en silence les mille bruits divers qui s'élevaient du sein des villes...

Puis il se redressa lentement en s'appuyant sur le bras d'un homme jeune et beau qui l'appela : mon père...

Les longs cheveux noirs du jeune homme flottaient aux vents du soir, et les étoiles des cieux semblaient se mirer toutes humides et toutes tremblantes dans ses grands yeux...

Et le vieillard étendant la main, — une main qui semblait défaillir, — parla ainsi :

Vos temps sont finis, ô villes puissantes, ô riches cités... Sous une apparente floraison, sous une apparente beauté, le ver a poursuivi sa marche et l'heure est venue où le fruit va tomber pourri sur le sol... Populus, mon fils et le vieillard s'adressa au jeune homme; Populus, mon fils, l'aurore se lève pour toi...

Regarde ce monde immense, demain tout ce monde ne sera qu'un brasier...

De ces villes opulentes, de ces cités voluptueuses, de ces Sodomes modernes, il ne restera que le peuple et les mansardes qu'il habite... Et, c'est justice...

Quoi qu'on dise, les âges succèdent aux âges et tout s'enchaîne fatalement dans la vie des peuples, comme dans la vie des individus...

Ils ont vécu, à ton tour de vivre... Tu as assez pleuré...

Des millions d'enfants sont morts de faim au sein tari de leurs mères, à la porte des opulents et des puissants, — ils étaient du peuple... Des millions de femmes ont dû satisfaire les voluptés immondes des riches, — elles étaient du peuple... Des millions d'hommes se sont fait tuer pour assurer aux maîtres la libre jouissance de leurs palais, — ils étaient du peuple... Des millions d'êtres sont morts victimes des inégalités sociales, — ils étaient du peuple...

Et pourquoi cela, mon fils? Pourquoi cela, ô Populus?

Parce que quelques audacieux misérables ont fait la loi... et la loi éternellement affirmative pour eux, a été éternellement négative pour toi... Ils ont bien dit au pauvre : tu ne prendras pas... Mais jamais ils n'ont dit au riche : tu donneras... Ils ont bien dit au pauvre : tu serviras... Mais jamais ils n'ont dit au riche : comme toi, le prolétaire a droit à un capital... Ils ont bien dit au pauvre : tu ne vagabonderas pas, tu ne mendieras pas... Mais jamais ils n'ont dit au riche : tu assisteras ton frère moins heureux que toi...

Et, des hommes qui se disaient les intermédiaires entre Dieu et l'humanité, affirmaient béatement en partageant les festins des riches, la bouche à moitié pleine : « Cela est juste, les riches ont dit vrai ; il faut qu'il y ait des maîtres et des esclaves »...

Oui, Populus, puisqu'il faut qu'il y ait des maîtres et des esclaves, sois le maître... et qu'à leur tour, les hommes de Dieu et les puissants de la terre finissent le pain que tu as commencé et qu'ils apprennent à leur tour, à marcher sur les traces de leur Christ...

. . . .

Quels ont été les fruits de tes larmes et de ta patience, dis-moi ?...

As-tu par ton silence, ton obéissance et tes pleurs, désarmé ton maître ? Son fouet est-il tombé moins brûlant sur ta chair nue ?...

Il prenait ta résignation pour de la peur et ton courage muet pour de la lâcheté : il se confirmait lui-même qu'il était d'une nature supérieure à ta nature...

Ils ont dit, les riches, à bout d'arguments, que la force donnait le droit.... Écoute... aujourd'hui tu es le nombre, tu remplis les ateliers, les usines, les villes, les armées, les foyers, les mines, les chantiers ; tu es le nombre, tu es la force... tu es le droit... Et si le riche s'insurge contre toi... à ton tour regarde de haut et tu verras combien est chétive sa petite armée... Et puis, frappe... A ton tour, sois sans pitié...

Et quand les hommes de Dieu te voyant vainqueur, viendront impudemment s'agenouiller devant toi, en baisant, un sourire faux sur leurs lèvres grasses, le manche de ta hache ou la frange ensanglantée de ton manteau,... quand te voyant vainqueur, ils viendront à toi, l'air humble et soumis, t'offrir la myrrhe et l'encens... tu leur diras : « Arrière, arrière !... votre âge et votre règne ont passé... Ne baisez point celui que vous avez vendu... arrière... Le peuple est assez grand pour être son prêtre à lui-même et assez éloquent pour expliquer aux générations qui viennent, la cause et la magnificence de la Révélation nouvelle... Le peuple est roi et prêtre »...

O Populus, ô mon fils, à toi la tiare, à toi les couronnes !...

Et le vieillard glissa sur le sol et sa bouche se tut pour toujours...

Populus ensevelit le vieux prophète, à la clarté des étoiles et dans le silence de la nuit; puis il pleura...

. . . .

L'aube avait à peine blanchi un coin du ciel; à peine l'alouette avait-elle jeté dans l'air frais du matin, un premier cri joyeux au jour naissant... que Populus descendit vers les villes, où ses frères assis à côté des riches éperdus, l'attendaient, pour partager la terre, rétablir l'égalité et chanter l'hymne sacré de la Rédemption et de la liberté...

Les soldats désarmés, revenaient au travail...

Et quand le soleil se leva, il éclaira des peuples qui vivaient sous une loi unique et ses rayons éclatants illuminèrent les débris de monuments que l'on avait cru trop longtemps nécessaires...; et, personne bientôt ne se rappela plus ni le nom de ces édifices, — symbole de toutes les tyrannies, — ni leur destination séculaire — glorification de tous les crimes et de tous les mensonges et de tous les despotismes...

Et les eaux sombres du fleuve roulèrent en silence jusqu'en des plages inconnues: la tiare, le sabre et les couronnes brisés...

FIN.

TABLE DES MATIÈRES

PREMIÈRE PARTIE.

PAPES, PEUPLES, BOURGEOIS ET PRÊTRES.

DEUXIÈME PARTIE.

LE FANTOME DIVIN.

BIBLIOTHÈQUE R.F.

CATALOGUE DES OUVRAGES EN VENTE

A la Librairie de L. BAILLIÈRE et H. MESSAGER

12, RUE DE L'ANCIENNE-COMÉDIE, PARIS.

LES AVENTURES GALANTES

DE LA MADONE AVEC SES DÉVOTS

SUIVIES DE CELLES DE FRANÇOIS D'ASSISE

Par J.-B. RENOULT

Moine renégat.

1 vol. in-18, imprimé sur beau papier avec couverture illustrée.. **2 fr. 50**

Tirage d'amateurs à 150 exemplaires.

30 exemplaires sur papier de Chine, titre rouge et noir. Nos 1 à 30... **10 fr.**

120 exemplaires sur papier vergé de Hollande, titre rouge et noir. Nos 31 à 150.................................. **5 fr.**

L'ouvrage dont nous donnons ici la réimpression a vu le jour pour la première fois à Amsterdam en 1701. Cette première édition fut suivie de plusieurs autres (1707, 1745, 1750). Ces différentes éditions furent condamnées et détruites. Les exemplaires étaient rares et se payaient fort cher, c'est pourquoi nous avons pensé à rémprimer ce livre pour les amateurs et les bibliophiles.

LES CHRONIQUES DU PALAIS-ROYAL

NOUVELLE ÉDITION

Origine, splendeur, les ducs et les duchesses, la Régence. — Théâtres, cafés, restaurants, tripots, les galeries de bois, etc., par B. SAINT-MARC et le marquis DE BOUBONNE. — Un beau volume in-18 jésus de 360 pages, couverture illustrée. Prix : **3** francs.

La curiosité se mêle au sérieux de l'ouvrage. L'histoire du *Palais-Royal*, fouillée et rendue avec autant de sincérité que de vif entrain, est palpitante comme un roman de cape et d'épée, attachante comme une étude de mœurs, affriolante comme une galante comédie; parfois dramatique et terrible. La Régence et son train d'orgies et de débauches; les galeries de bois, avec leur monde d'oisifs, de libertins, de prostituées; la galerie *vitrée* avec ses modistes, etc., font l'objet de tableaux saisissants de vérité et de couleur.

F. STACKELBERG

LA FEMME ET LA RÉVOLUTION

Brochure in-18. — Prix. . . **1** fr.

PETITE COLLECTION

DE

CHEFS-D'ŒUVRE LITTÉRAIRES

Paraissant en volumes de 128 pages, format in-18, imprimés sur beau papier teinté.

Chaque volume. . . . . 60 c.

VOLUMES PARUS :

LES CONTES JOYEUX DE BOCCACE

Le mari en pénitence ou le chemin du Paradis — Le psautier de l'Abbesse. L'Oraison de Saint-Julien — Le poirier enchanté, etc.

PARNY

LES GALANTERIES DE LA BIBLE
ET POÉSIES DIVERSES

Tableaux :

La rose — La main — Le sein — Le baiser — Les rideaux, etc.

Mélanges :

Portrait d'une religieuse — Confession d'une jolie femme. Le réveil d'une mère, etc.

LES CONFESSIONS D'UNE COURTISANE

Réimpression d'un charmant petit ouvrage du XVIIIe siècle.

ŒUVRES DE PIRON

Anecdotes amusantes — Bons mots — Chansons — Poésies inédites. Odes — Contes — Fables — Épigrammes.

LA FONTAINE — Nouvelles et Contes gaillards

Le mari confesseur, Sœur Jeanne, Comment l'esprit vient aux filles, les Lunettes, le Cuvier, l'Anneau d'Hans Carvel, etc.

Sous presse :

Pour paraître dans la même collection les Œuvres des auteurs suivants :

CRÉBILLON FILS, VOLTAIRE, DORAT, VOISENON, ARLOTTO, DIDEROT, VIVANT DENON, L'ARÉTIN, ETC ETC.

TEALDO

JOURNAL ET HISTOIRE D'UN PRÊTRE DE CAMPAGNE

Par J. PRAT

DEUXIÈME ÉDITION

1 vol. in-18 de 320 pages. Prix.......................... 3 fr.

VOYAGES ET AVENTURES D'ALMANARRE

1 beau vol. in-18................... 3 fr. 50

L'INSTRUCTION SOUS LA CONVENTION

1 vol. in-18...................... 1 fr.

VIENT DE PARAITRE :

LETTRES INÉDITES DE SPINOZA

Traduites et annotées par J.-J. PRAT.

1 volume in-18................. 3 fr. 50

LA CONSTITUTION DE 1795

PUBLIÉE, ANNOTÉE

Comparée avec la Constitution de 1848 et la Constitution des Etats-Unis d'Amérique.

1 joli volume in-32 sur papier de luxe....... 1 fr.

MAISON COCHERY ET CIE

POSTES ET TÉLÉGRAPHES

Par E. VAUGHAN

1 vol. in-18 de 160 pages. Prix .... 2 fr.

EXTRAIT DE LA TABLE DES MATIÈRES :

Cochery père et fils. — Le personnel. — MM. les Ingénieurs. — Le public et la maison Cochery. — Garanties supprimées. — Régime intérieur et international comparés. — L'égalité devant le télégraphe. — Fusion et confusion. — Une poignée d'abus. — Cochery républicain. — Choses et autres. — C'est la faute du chemin de fer. — Qui sème le vent récolte la tempête. — Récapitulons. — La loi, c'est moi ! — Un *mea culpa*. — Les aveux. — Le budget. — Casse-cou. — Apothéose. — Conclusion, — etc., etc.

LA SITUATION ET LA RÉVISION

Par S. DEYNAUD

1 brochure in-18. Prix. . . . . 1 fr.

EXTRAIT DE LA PRÉFACE DE L'AUTEUR :

Les questions politiques et économiques, épuisées en apparence par les débats de la presse quotidienne, ne sont presque jamais séparées des intérêts de la haute banque; rarement elles sont considérées dans leurs rapports vrais, avec un ordre social juste, c'est-à-dire organisé conformément aux intérêts de tous.

Nous tentons de combler cette lacune en écrivant cette brochure. Elle ne contient pas une étude approfondie des questions politiques et économiques à l'ordre du jour de l'opinion publique et des préoccupations gouvernementales; nous avons voulu en passer quelques-unes au criterium collectiviste, afin de donner aux hommes de bonne volonté une occasion de constater que cette école socialiste si conspuée possède des procédés critiques dignes d'attention. Nous avons pensé que la publication de nos reflexions sur des événements d'actualité serait peut-être un moyen de calmer un peu les méfiances répandues contre nos doctrines et de donner à quelques-uns l'envie d'en faire une étude plus sérieuse.

A. DE SAINT-ALBIN

LES SALLES D'ARMES DE PARIS

Paris, 1875. 1 vol. in-4°, papier van Gelder-Zoden. Couverture parchemin, et 20 portraits hors texte, gravés par COURTRY. 20 fr.

Cet ouvrage a été tiré à 500 exemplaires seulement et se vendait 30 fr. Nous ne possédons que quelques exemplaires de ce livre curieux et intéressant. Les portraits qui ornent ce livre sont ceux de MM. PONS, comte CHARLES LE LINDEMAN, SANCÈDE, DE BORDA, CAROLUS DURAN, POTOCKI, BRINQUANT, A. DE ESPÉLÉTA, ALPHONSE XII, vicomte DE L'ANGLE BEAUMANOIR, PONS neveu, ROBERT aîné, etc.

ORGANISATION DU TRAVAIL

NOUVELLE ARCHITECTURE SOCIALE

RÉVOLUTION PACIFIQUE DU TRAVAIL SUR LE CAPITAL

SA MISE EN PRATIQUE

Par H. CHABANNE

1 fort vol. in-18 de 280 pages. Prix. . . . . 3 fr.

Saint-Denis, — Imp. CH. LAMBERT, 17, rue de Paris.

L. BAILLIÈRE ET H. MESSAGER

LIBRAIRES-ÉDITEURS

CATALOGUE

DES LIVRES DE FONDS

ET EN NOMBRE

PARIS

12, RUE DE L'ANCIENNE-COMÉDIE

1884

NOTA

—

Tous les ouvrages annoncés dans ce Catalogue sont expédiés Franco aux prix marqués.

Nous informons nos clients que nous expédions dans les mêmes conditions les ouvrages des autres Éditeurs.

A. DE SAINT-ALBIN

—

LES

SALLES D'ARMES

DE PARIS

Paris, 1875, 1 vol. in-4° papier van Gelder-Zoden. Couverture parchemin, et 20 portraits hors texte, gravés par COURTRY. . . . . 20 fr.

Cet ouvrage a été tiré à 500 exemplaires seulement et se vendait 30 fr. Nous ne possédons que quelques exemplaires de ce livre curieux et intéressant. Les portraits qui ornent ce livre sont ceux de MM. PONS, comte CHARLES DE LINDEMAN, SANCCÈDE, DE BORDA, CAROLUS DURAN, POTOCKI, BRINQUANT, A. DE ESPÉLÉTA, ALPHONSE XII, vicomte DE L'ANGLE-BEAUMANOIR, PONS neveu, ROBERT aîné, etc. etc.

ŒUVRES ILLUSTRÉES

DE

HENRI ROCHEFORT

L'ÉVADÉ

ROMAN CANAQUE

Dessins de P. Kaufmann et Le Natur, gravures de Quesnel et Meusnier et Launay. 1 vol. in-4° de 400 pages, illustré de 50 grands dessins, 30 en-têtes, 30 culs-de-lampes, en tout 110 dessins.

Prix : 5 francs.

Cet ouvrage paraît en livraisons à 0,10 cent. et en séries à 50 cent.

TABLE DES MATIÈRES :

La *Thisbé*. — La presqu'île Ducos. — Désillusion. — Monsieur l'Agent. — Exorde par insinuation. — Idylle océanienne. — Proposition déshonnête. — Manœuvres à l'intérieur. — Complication imprévue. — l'Émissaire. — Moment suprême. — Un repas de corps, etc., etc.

E. HINS

Professeur à l'Athénée royale de Charleroi

LA RUSSIE

DÉVOILÉE AU MOYEN DE SA LITTÉRATURE POPULAIRE

1 beau volume in-18. 2 fr. 50.

MAISON COCHERY ET CIE

POSTES ET TÉLÉGRAPHES

PAR

E. VAUGHAN

1 vol. in-18 de 160 pages. Prix . . . . 2 fr.

EXTRAIT DE LA TABLE DES MATIÈRES :

Cochery père et fils. — Le personnel. — MM. les ingénieurs. — Le public et la maison Cochery. — Garanties supprimées. — Régime intérieur et international comparés. — L'égalité devant le télégraphe. — Fusion et confusion. — Une poignée d'abus. — Cochery républicain. — Choses et autres. — C'est la faute du chemin de fer. — Qui sème le vent récolte la tempête. — Récapitulons. — La loi, c'est moi ! — Un *mea culpa*. — Les aveux. — Le budget. — Casse-cou. — Apothéose. — Conclusion, etc., etc.

LA SITUATION

ET LA RÉVISION

PAR

S. DEYNAUD

1 brochure in-8°. Prix. . . . . 1 fr.

EXTRAIT DE LA PRÉFACE DE L'AUTEUR :

Les questions politiques et économiques, épuisées en apparence par les débats de la presse quotidienne, ne sont presque jamais séparées des intérêts de la haute banque ; rarement elle sont considérées dans leurs rapports vrais, avec un ordre social juste, c'est-à-dire organisé conformément aux intérêts de tous.

Nous tentons de combler cette lacune en écrivant cette brochure. Elle ne contient pas une étude approfondie des questions politiques et économiques à l'ordre du jour de l'opinion publique et des préoccupations gouvernementales; nous avons voulu en passer quelques-unes au critérium collectiviste, afin de donner aux hommes de bonne volonté une occasion de constater que cette école socialiste si conspuée possède des procédés critiques dignes d'attention. Nous avons pensé que la publication de nos réflexions sur des événements d'actualité serait peut-être un moyen de calmer un peu les défiances répandues contre nos doctrines et de donner à quelques-uns l'envie d'en faire une étude plus sérieuse.

Bibliothèque
Clérico-Galante
LES
AVENTURES
GALANTES
DE LA
MADONE
PAR
J.-B. RENOULT
MOINE RENÉGAT

LES AVENTURES GALANTES DE LA MADONE

AVEC SES DÉVOTS

SUIVIES DE CELLES DE FRANÇOIS D'ASSISE

PAR J.-B. RENOULT

Moine renégat.

1 vol. in-18, imprimé sur beau papier avec couverture illustrée. . . . . 2 fr. 50.

Tirage d'amateurs à 150 exemplaires.

30 exemplaires sur papier de Chine, titre rouge et noir. Nos 1 à 30. . . . . 10 fr.

120 exemplaires sur papier vergé de Hollande, titre rouge et noir Nos 31 à 150. . . . . 5 fr.

L'ouvrage dont nous donnons ici la réimpression a vu le jour pour la première fois à Amsterdam en 1701. Cette première édition fut suivie de plusieurs autres (1707, 1745, 1750). Ces différentes éditions furent condamnées et détruites. Les exemplaires étaient rares et se payaient fort cher. c'est pourquoi nous avons pensé à réimprimer ce livre pour les amateurs et les bibliophiles.

Sous presse. — Pour paraître prochainement :

LES MATHÉMATIQUES APPLIQUÉES AUX BEAUX-ARTS

Par LE NATUR

1 beau vol. in-8° avec plus de 300 figures dans le texte.

A. ETIEVANT ET L. LUCIPIA

LE CAS

DE M. DE GALIFFET

BROCHURE IN-18

Prix : 1 franc.

TABLE DES MATIÈRES :

LES CHRONIQUES DU PALAIS ROYAL
ORIGINE, SPLENDEUR ET DÉCADENC
Les Ducs et les Duchesses
LA REGENCE
Théâtres, Cafés, Restaurants, Tribots
LES GALERIES DE BOIS
par
B. SAINT-MARC
et
LE MARQUIS DE BOUBONNE

LES

CHRONIQUES DU PALAIS-ROYAL

NOUVELLE ÉDITION

ORIGINE, SPLENDEURS, LES DUCS ET LES DUCHESSES, LA RÉGENCE

THÉATRES, CAFÉS, RESTAURANTS, TRIPOTS
LES GALERIES DE BOIS, ETC.

Par B. SAINT-MARC et le marquis DE BOUBONNE

1 beau volume in-18 jésus de 360 pages, couverture illustrée.

Prix : 3 francs.

La curiosité se mêle au sérieux de l'ouvrage. L'histoire du *Palais-Royal*, fouillée et rendue avec autant de sincérité que de vif entrain, est palpitante comme un roman de cape et d'épée, attachante comme une étude de mœurs, affriolante comme une galante comédie, parfois dramatique et terrible. La Régence et son train d'orgies et de débauches; les galeries de bois, avec leur monde d'oisifs, de libertins, de prostituées; la galerie *vitrée* avec ses modistes, etc., font l'objet de tableaux saisissants de vérité et de couleur.

VICTOR HUGO

—

LE ROI S'AMUSE

REPRODUCTION DU CÉLÈBRE TABLEAU DE

Jules GARNIER

Gravé par MEUNIER et LAUNAY

Les épreuves mesurent 55 × 75

Prix : **1 franc** (port à la charge du destinataire).

IL A ÉTÉ TIRÉ QUELQUES ÉPREUVES DE LUXE AVANT LA LETTRE

Prix : Sur Chine .... **10** francs.
— Sur Japon........ **12** —

L. BAILLIÈRE
ET
H. MESSAGER
ÉDITEURS
12, Rue de l'Ancienne-Comédi

1883

PARIS

GEORGES BOURET

—

LES BROUSSAILLES

POÉSIES

1 vol. in-18 sur beau papier vélin,

COUVERTURE ILLUSTRÉE

Par LE NATUR

Prix. . . . . 3 fr. 50.

TABLE DES MATIÈRES :

RAOUL LAFAGETTE

—

MÉLODIES PAÏENNES

POÉSIES

1 beau volume in-18 sur papier teinté

Prix. . . . . 2 fr.

TABLE DES MATIÈRES :

TEALDO

JOURNAL ET HISTOIRE D'UN PRÊTRE DE CAMPAGNE

Par J.-J. PRAT

DEUXIÈME ÉDITION

1 vol. in-18 de 520 pages. Prix........... **3 francs.**

C'est l'émouvante histoire d'un jeune abbé de grande race qui, véritablement illuminé par la grâce, rompt ouvertement en visière aux doctrines surannées du catholicisme, et s'attire la haine des maîtres actuels de la religion catholique.

Les principaux incidents de cette histoire se passent dans le Morvan, au château de Marilly. On y voit les funestes effets du célibat des prêtres et de la confession auriculaire. On y suit pas à pas l'éclosion inconsciente de la passion de la jeune châtelaine de Marilly, qui se dénoue par un drame terrible, grâce aux sourdes menées d'un membre puissant de la Compagnie de Jésus.

De suaves figures de femmes apparaissent dans ce récit mêlées à des natures basses et vulgaires. Quant aux descriptions des localités, à la peinture des paysages, il est aisé de s'apercevoir qu'elles ont été prises sur place.

Les lecteurs trouvent dans ce volume une lecture attachante et fortifiante.

DU MÊME AUTEUR :

VOYAGES ET AVENTURES D'ALMANARRE

1 beau vol. in-18............. **3 fr. 50.**

L'INSTRUCTION SOUS LA CONVENTION

1 vol. in-18........... **1 franc.**

VIENT DE PARAITRE :

LETTRES INÉDITES DE SPINOZA

TRADUITES ET ANNOTÉES PAR J.-J. PRAT

1 vol. in-18. Prix.................... **3 fr. 50.**

LA CONSTITUTION DE 1793

PUBLIÉE, ANNOTÉE PAR J.-J. PRAT

COMPARÉE AVEC LA CONSTITUTION DE 1848 ET LA CONSTITUTION DES ÉTATS-UNIS D'AMÉRIQUE

1 joli volume in-32 sur papier de luxe. 1 fr.

PETITE COLLECTION

DE CHEFS-D'ŒUVRE LITTÉRAIRES

Paraissant en volumes de 128 pages, format in-18
imprimés sur beau papier teinté

PRIX DE CHAQUE VOLUME.............. 0 fr. 60.

VOLUMES PARUS :

LES CONTES JOYEUX DE BOCCACE

LE MARI EN PÉNITENCE OU LE CHEMIN DU PARADIS
LE PSAUTIER DE L'ABBESSE
L'ORAISON DE SAINT-JULIEN. — LE POIRIER ENCHANTÉ, ETC.

PARNY

LES GALANTERIES DE LA BIBLE

ET POÉSIES DIVERSES

Tableaux :

LA ROSE — LA MAIN — LE SEIN — LE BAISER — LES RIDEAUX, ETC.

Mélanges :

PORTRAIT D'UNE RELIGIEUSE — CONFESSION D'UNE JOLIE FEMME
LE RÉVEIL D'UNE MÈRE, ETC.

LES CONFESSIONS D'UNE COURTISANE

Réimpression d'un charmant petit ouvrage du XVIIIe siècle.

ŒUVRES DE PIRON

ANECDOTES AMUSANTES
BONS MOTS — CHANSONS — POÉSIES INÉDITES — ODES — CONTES — FABLES
ÉPIGRAMMES

LA FONTAINE Nouvelles et Contes gaillards

Le mari confesseur, Sœur Jeanne, Comment l'esprit vient aux filles, les Lunettes, le Cuvier, l'Anneau d'Hans Carvel etc., etc.

Sous presse :

Pour paraître dans la même collection les œuvres des auteurs suivants :
CRÉBILLON FILS, VOLTAIRE, DORAT
VOISENON, ARLOTTO, DIDEROT, VIVANT DENON, L'ARÉTIN, ETC., ETC.

BERNARD MOULIN

—

VÉNUS PHRÉNYOGÉNIQUE

MÈRE DARWINIENNE

DES GÉNIES ET GRANDS HOMMES

Dévoilée historiquement

1 vol. in-18. . . . . 3 fr.

TABLE DES MATIÈRES :

Avantage du génie. — Principes de la phrényogénie. — Bases de ce principe. — Napoléon Ier. — Wellington. — Mahomet. — Washington. — Mirabeau. — Richelieu. — Bonnet. — Berryer. — Le Tasse. — Raphael. — Jeanne d'Arc. — Voltaire. — Garibaldi. — etc., etc. — Données scientifiques. — Organes de l'intelligence. — Du cerveau. — Des facultés phrénologiques. — De l'électricité humaine, etc., etc.

DE GRAMMONT

—

DOCUMENTS HUMAINS

NOUVELLES NATURALISTES

1 vol. in-18. Prix. . . . . 2 fr. 50.

L'ORGANISATION

DU TRAVAIL

NOUVELLE ARCHITECTURE SOCIALE

RÉVOLUTION PACIFIQUE DU TRAVAIL

SA MISE EN PRATIQUE

PAR

H. CHABANNE

1 fort vol. in-18 de 280 pages. Prix. . . . . 3 fr.

L'ABBÉ ***

NÉGATIONS POLITIQUES, SOCIALES ET RELIGIEUSES

LETTRES A LA NIÈCE D'UN CARDINAL SECRÉTAIRE D'ÉTAT

1 vol. in-18. Prix. . . . . 3 fr. 50.

H. HEINE

—

L'INTERMEZZO

Traduction de E. VAUGHAN et TABARAUD

1 vol. in-18. Prix . . . . 3 fr. 50.

Portrait d'Henri HEINE hors texte.

ODES ANACRÉONTIQUES

Contes en vers et autres Pièces de poésie

SUIVIES DE COME DE MÉDICIS

Par M. MÉRO

Londres, 1781. — 1 vol. Cazin broché. 2 fr. 50.

POÉSIES DE FLORIMOND LEVOL

La mission du poète.

Récits en vers. — Épîtres. — Les âges poétiques, etc.

Paris, 1865. 1 vol. in-18..... 2 fr.

BIBLIOGRAPHIE CLÉRICO-GALANTE

Ouvrages galants ou singuliers
sur l'amour, les femmes, le mariage, etc., écrits par des abbés.
prêtres, chanoines, religieux, évêques, etc.

1879. 1 vol. in-8...... 5 francs.

A. DELVAU

DICTIONNAIRE ÉROTIQUE

Par un Professeur de Langue Verte

1 vol. in-8 (nouvelle édition)........... 20 francs.

NOTA. — Il ne nous reste que quelques exemplaires de ces ouvrage recherchés.

9107. — Imprimerie A. Lahure, rue de Fleurus, 9, à Paris.

BIBLIOTHÈQUE NATIONALE R.F. IMPRIMÉS

www.ingramcontent.com/pod-product-compliance
Lightning Source LLC
LaVergne TN
LVHW011946220826
846092LV00001B/107
9782019673796